"Cada cristão que conheço se vê imobilizado em algum ponto de sua jornada ao fazer algo que não quer. Neste livro, JP não só mostra como sair dessa situação, mas também um caminho bíblico e prático para a liberdade que apenas Jesus oferece."

Jennie Allen, autora de *Encontre sua Tribo*, best-seller do *New York Times*; fundadora e visionária da IF: Gathering

"A pergunta *por que faço o que não quero fazer?* é um ponto de tensão desde as Escrituras. É o que todos nos perguntamos ou deveríamos nos perguntar. Neste livro estimulante, JP esclarece vícios comuns aos quais estamos expostos. Melhor ainda, ele nos ensina como deter o impulso em direção de depravações e buscar virtudes vitais que curam nossa alma. Sua abordagem pessoal e o uso do próprio testemunho demonstram que a vitória é possível e revela a infinita graça de Deus."

Kyle Idleman, pastor sênior da Southeast Christian; autor dos best-sellers *Not a Fan* e *One at a Time* [Sem tradução no Brasil]

"Há mais de 20 anos tenho orientado, orado e chorado com cristãos que se sentem presos em padrões de pecado dos quais parecem não conseguir escapar. Eles amam a Jesus, leem a Bíblia, e muitos pertencem a um pequeno grupo, mas não conseguem obter a vitória que sabem que lhes pertence em Jesus. Jonathan Pokluda nos ajuda neste livro. Ele mostra com maestria como a igreja tem definido e diagnosticado essa batalha — e como avançar por meio de suas iterações mais modernas. Se você se sente preso, este livro é para você."

Matt Chandler, pastor líder da Village Church

"JP usa anos de sabedoria arduamente conquistada para criar essa mensagem para as massas. Quer você tenha 17 ou 70 anos, será desafiado e encorajado pela verdade. Mas JP sabe que você não conseguirá fazer essas mudanças sozinho — e por esse motivo ele faz o possível para basear cada capítulo nas Escrituras e na esperança do Evangelho. Repetidamente, ele nos volta para o Deus que nos prepara para o crescimento que desejamos, uma vez que nos criou à Sua imagem."

Tara-Leigh Cobble, autora do podcast *The Bible Recap* [Livr

"Os médicos disseram que eu morreria se não parasse de beber. Eu sabia que tinham razão; a questão era que eu não sabia como parar. Todos temos o desejo de fazer coisas que nos são prejudiciais. Muitas vezes, nós as escolhemos em vez de buscar uma vida virtuosa que honre a Deus. Mas aqui estou, sóbrio há 20 anos, e sou testemunha de que o que — ou melhor, Quem — você verá neste livro é seu velho e conhecido caminho para não fazer o que não quer fazer."

John Elmore, autor de *Freedom Starts Today* [Sem tradução no Brasil]; pastor de ensino da Watermark Community Church, em Dallas, Texas

"Neste livro, JP encontra palavras e uma voz para tudo que, às vezes, temos dificuldade em dizer, especialmente sobre a maneira como conduzimos a vida neste lado da eternidade. Não existe livro de autoajuda que alinhe a sua vida com a vontade de Deus e o propósito que Ele tem para você. O propósito de JP de deixar isso claro separa este livro de todos os outros. Ele acredita que, sem a intervenção de Deus, não podemos levar uma vida isolada em que maximizamos nosso propósito e potencial."

Christian Huff & Sadie Robertson Huff, fundadores do podcast *4:8 Men*; autores, palestrantes e fundadores de Live Original

"Todos precisamos de um amigo ousado. Alguém que nos ame o suficiente para nos desafiar, confrontar e atrair para um caminho melhor. Jonathan Pokluda é esse amigo. Ele combina a humildade do aconteceu-comigo com a honestidade de enfrente-os-fatos. Repleto de trechos das Escrituras, *Por Que Faço O Que Não Quero Fazer?* oferece respostas atemporais a problemas atuais, sem nos humilhar. Se você estiver preso em um ciclo de maus hábitos, deixe seu amigo JP ajudá-lo a se libertar dos padrões destrutivos e adotar um novo modo de vida maravilhoso."

Ben Stuart, pastor da Passion City Church DC; autor de *Single, Dating, Engaged, Married* e *Rest & War* [Sem tradução no Brasil]

"Se você quiser se libertar de tendências, tentações e armadilhas autodestrutivas em sua vida, este livro é para você. JP apresenta a verdade da Bíblia de um modo convincente, franco e prático. Este livro oferece orientação para desfrutar mais a vida para a qual você foi feito e como chegar lá."

David Marvin, diretor da The Porch na Watermark Church; autor do best-seller *Estamos Todos Surtando (e Por Que Não precisamos)*

"JP escreveu um livro transformador e altamente revelador. Se você é um cristão que quer crescer e provar um pouco desta "torta de humildade", faça um favor a si mesmo e leia-o. Sou muito agradecido a líderes como JP que não têm receio de falar o que pensam em benefício do reino de Deus."

Kait Warman, autor de best-seller; conselheiro amoroso; fundador da Heart of Dating

"JP conseguiu de novo. Este livro está repleto de poderosas lições inspiradoras e práticas que aumentarão sua influência e impacto como seguidor de Jesus ao ajudá-lo a evitar as armadilhas dos vícios e a encontrar vida na virtude. Leia este livro!"

Brad Lomenick, ex-presidente da Catalyst; autor de *H3 Leadership* e *The Catalyst Leader* [Sem tradução no Brasil]

"O maravilhoso no Evangelho é que ele muda nossa identidade em um momento e depois continua a mudar nossas atividades durante a vida. Quando o Espírito começa a remover características ímpias de nossa vida, precisamos que Ele as substitua por outras piedosas. Por este motivo, este livro, *Por Que Faço O Que Não Quero Fazer?*, de meu amigo Jonathan Pokluda, é tão relevante e útil. Sempre recomendo o que ele escreve, mas acho que este livro é especialmente prático para todos que buscam o que significa ser um seguidor de Jesus."

Shane Pruitt, diretor nacional *next gen* do Conselho Norte-americano das Missões (NAMB); autor de *9 Common Lies Christians Believe* [Sem tradução no Brasil]

"Este livro debate a pergunta feita pelo apóstolo Paulo há cerca de 2 mil anos. Fico empolgado porque muitos outros se beneficiarão da sabedoria de meu amigo e das respostas bíblicas que ele oferece para as muitas dificuldades que enfrentamos hoje. Ao virar as páginas, você encontrará não só liberdade de vícios fatais, mas o caminho para uma vida virtuosa em Jesus."

Clay Scroggins, autor de *How to Lead When You're Not in Charge* [Sem tradução no Brasil]

"Por Que Faço O Que Não Quero Fazer? revelou comportamentos meus que eu não sabia que precisavam ser tratados. Quando li as palavras de JP, 'Se você faz algo para parecer santificado, não entendeu absolutamente nada e está entristecendo o coração de Deus', pensei: 'Nossa!' Este livro dá um forte golpe de realidade que o atingirá profundamente onde você mais precisa. JP é uma voz em que confio e amo. Seu tom é eloquente e compassivo, mas, ao mesmo tempo, esteja preparado para ser desafiado e mudar."

Rashawn Copeland, fundador da Blessed Media; autor de *Start Where You Are* [Sem tradução no Brasil]

"Há livros que dão informações e outros que dão sabedoria para a vida real. Este livro se enquadra no segundo caso — repleto de orientações práticas e pastorais sobre como se tornar a pessoa que Deus o criou para ser."

Mike Kelsey, pastor líder de pregação e cultura da McLean Bible Church

"A cada página virada, experimentei duas emoções importantes: uma convicção sagrada e uma esperança renovada. JP tem um jeito de contar histórias e revelar a Bíblia para atingir o fundo de sua alma e empoderá-lo com uma nova liberdade. Este livro ajudará a libertar muitas pessoas!"

Steve Carter, pastor; autor de *The Thing Beneath the Thing* [Sem tradução no Brasil]

POR QUE FAÇO O QUE NÃO **QUERO** FAZER?

POR QUE FAÇO O QUE NÃO QUERO FAZER?

SUBSTITUA VÍCIOS FATAIS *por* **VIRTUDES VITAIS**

COMO 10 VIRTUDES BÍBLICAS PODEM AJUDÁ-LO A SE LIBERTAR & SUPERAR O CICLO DE MAUS HÁBITOS AUTODESTRUTIVOS

JONATHAN "JP" POKLUDA
COM JON GREEN

ALTA BOOKS
GRUPO EDITORIAL
Rio de Janeiro, 2024

Por que faço o que não quero fazer?

Copyright © 2024 STARLIN ALTA EDITORA E CONSULTORIA LTDA.

Alta Life é um selo da editora Alta Books do Grupo Editorial Alta Books (Starlin Alta Editora e Consultoria LTDA).

Copyright © 2023 Jonathan Pokluda.

ISBN: 978-85-5082-221-1

Translated from original Why do I do what I don't want to do. Copyright © 2023 by Jonathan Pokluda . ISBN 9780801094965. This translation is published and sold by Baker Books a division of Baker Publishing Group, the owner of all rights to publish and sell the same. PORTUGUESE language edition published by Starlin Alta Editora e Consultoria Ltda, Copyright © 2024 by STARLIN ALTA EDITORA E CONSULTORIA LTDA.

Impresso no Brasil — 1ª Edição, 2024 — Edição revisada conforme o Acordo Ortográfico da Língua Portuguesa de 2009.

Dados Internacionais de Catalogação na Publicação (CIP) de acordo com ISBD

P761p   Pokluda, Jonathan "JP"
           Por que faço o que não quero fazer? substitua vícios fatais por virtudes vitais / Jonathan "JP" Pokluda, Jon Green. - Rio de Janeiro : Alta Books, 2024.
           208 p. ; 15,7cm x 23cm.

           Inclui índice.
           ISBN: 978-85-5082-221-1

           1. Autoajuda. 2. Vícios. 3. Virtudes. I. Green, Jon. II. Título.

2024-183   CDD 158.1
                       CDU 159.947

Elaborado por Vagner Rodolfo da Silva - CRB-8/9410

Índice para catálogo sistemático:
1. Autoajuda 158.1
2. Autoajuda 159.947

Todos os direitos estão reservados e protegidos por Lei. Nenhuma parte deste livro, sem autorização prévia por escrito da editora, poderá ser reproduzida ou transmitida. A violação dos Direitos Autorais é crime estabelecido na Lei nº 9.610/98 e com punição de acordo com o artigo 184 do Código Penal.

O conteúdo desta obra fora formulado exclusivamente pelo(s) autor(es).

Marcas Registradas: Todos os termos mencionados e reconhecidos como Marca Registrada e/ou Comercial são de responsabilidade de seus proprietários. A editora informa não estar associada a nenhum produto e/ou fornecedor apresentado no livro.

Material de apoio e erratas: Se parte integrante da obra e/ou por real necessidade, no site da editora o leitor encontrará os materiais de apoio (download), errata e/ou quaisquer outros conteúdos aplicáveis à obra. Acesse o site www.altabooks.com.br e procure pelo título do livro desejado para ter acesso ao conteúdo..

Suporte Técnico: A obra é comercializada na forma em que está, sem direito a suporte técnico ou orientação pessoal/exclusiva ao leitor.

A editora não se responsabiliza pela manutenção, atualização e idioma dos sites, programas, materiais complementares ou similares referidos pelos autores nesta obra.

Produção Editorial: Grupo Editorial Alta Books
Diretor Editorial: Anderson Vieira
Vendas Governamentais: Cristiane Mutüs
Editor da Obra: Ibraíma Tavares
Gerência Comercial: Claudio Lima
Gerência Marketing: Andréa Guatiello

Produtor Editorial: Thales Silva
Tradução: Edite Siegert
Copidesque: Sarah Oliveira
Revisão: Karina Pedron; Evelyn Diniz
Diagramação: Alice Sampaio

Rua Viúva Cláudio, 291 — Bairro Industrial do Jacaré
CEP: 20.970-031 — Rio de Janeiro (RJ)
Tels.: (21) 3278-8069 / 3278-8419
www.altabooks.com.br — altabooks@altabooks.com.br
Ouvidoria: ouvidoria@altabooks.com.br

Ao meu pai.

Obrigado pela graça que me mostrou
e pela sabedoria que me ensinou.
Sinto a sua falta.

À minha mãe.

Talvez o mundo nunca saiba o
quanto você é especial, mas eu sei.
Obrigado por me mostrar
O Caminho.

. SUMÁRIO .

INTRODUÇÃO XIII

. PARTE 1 .

AS BATALHAS ANTIGAS 1

1. Orgulho & Humildade 5
2. Ira & Perdão...23
3. Ganância & Generosidade................................39
4. Apatia & Diligência 55
5. Luxúria & Autocontrole 71

. PARTE 2 .

AS GUERRAS MODERNAS 87

6. Gestão de Percepção & Autenticidade 93
7. Direito & Gratidão 109
8. Trabalho & Descanso 125
9. Embriaguez & Sobriedade 143
10. Ceticismo & Otimismo................................ 155

CONCLUSÃO 169

AGRADECIMENTOS 175

NOTAS 179

SOBRE OS AUTORES 183

ÍNDICE 185

. INTRODUÇÃO .

Não podemos abandonar um mau hábito, só podemos substituí-lo por um bom. Cada vez mais me convenço dessa realidade. Somos criaturas de hábitos, e em grande parte da vida nos certificamos de construir hábitos saudáveis. Para ser totalmente franco (o que pretendo fazer em toda esta obra), realmente senti dificuldades com que título dar ao livro. Tentamos quase cinquenta títulos diferentes ao longo do caminho. Tudo o que eu não queria era que ele soasse como mais um livro de autoajuda. Sua livraria local (e até a sua seção de livros cristãos) já está repleta deles. Veja bem, não estou tentando ajudar as pessoas a serem pecadores mais espertos.

Uma de minhas crenças básicas é que todos vivem para sempre em algum lugar — no céu ou no inferno. Minha meta é ajudar outros cristãos, outros crentes em Jesus, a levar a vida correta que Jesus deseja para nós. Isso só ocorrerá se vivermos totalmente dependentes do Espírito Santo *e* se fizermos o que Jesus nos chamar para fazer nesta vida à medida que buscamos a santidade. Na verdade, 1Pedro 1:15 nos ensina a sermos santos em *tudo* o que fazemos. Mas como conseguir isso? Não sei quanto a você, mas para mim parece uma tarefa impossível de realizar.

Se você já criou um bebê (ou passou algum tempo com um), não precisa de muito tempo para descobrir que eles não têm o que chamamos de "controle de impulsos". Seus cérebros não estão suficientemente desenvolvidos para processar todos os prós e contras das decisões que tomam e, assim, eles fazem simplesmente o que lhes parece bom ou divertido no momento.

Certo dia, quando meu filho Weston tinha 3 anos, estávamos sentados à mesa de jantar desfrutando de uma refeição em família. Diante dele, sobre o jogo americano, havia uma caneca azul cheia de leite. Do outro lado da mesa, vi quando ele a pegou e pareceu examiná-la com atenção. Na caneca havia a imagem de um super-herói, portanto não era tão incomum que ele a olhasse com tanto interesse naquela idade. E então ocorreu algo muito estranho: ele virou o punho até a caneca ficar de cabeça para baixo e o leite ser derramado na mesa.

Pulei da cadeira e perguntei, "Weston, o que você está fazendo?" Ele ficou calado enquanto o leite caía da mesa em seu colo como uma cachoeira. "Por que você fez isso?", repeti. Ele respondeu com as três mais profundas palavras que poderiam sair da boca de um garoto de três anos: "Eu não sei."

"Weston, por que você fez isso?" insisti, na esperança de obter alguma resposta que esclarecesse seu processo de pensamento. E, outra vez, ele disse, "Eu não sei".

Verdade seja dita, embora o controle de impulsos acabe por entrar em cena, raramente superamos a fase de fazer coisas que sabemos que não deveríamos fazer. Quando me lembro daquele momento engraçado à mesa e examino minha vida da juventude até a meia-idade, eu me identifico com Weston. Fiz muitas coisas que realmente não queria, mas mesmo assim as fiz. Não de modo resiliente diante "de coisas difíceis", mas de um modo rebelde, do tipo "sei que isso não é bom para mim, mas vou em frente mesmo assim". E, como Weston, não sei bem por quê.

Em sua carta à igreja em Roma (sua obra-prima teológica), o apóstolo Paulo resume esse conflito interno que, às vezes, todos enfrentamos como crentes em Jesus:

> *Não entendo o que faço. Pois não faço o que desejo, mas o que odeio. E, se faço o que não desejo, admito que a lei é boa. Neste caso, não sou mais eu quem o faz, mas o pecado que habita em mim. Sei que nada de bom habita em mim, isto é, em minha carne. Porque tenho o desejo de fazer o que é bom, mas não consigo realizá-lo. Pois o que faço não é o bem que desejo, mas o mal que não quero fazer, esse eu continuo fazendo (Romanos 7:15–19).*

Nós também somos assim! Desejamos buscar o que é puro, verdadeiro, justo e santo, mas por algum motivo... não o fazemos. Agimos de modo a nos afastar de Jesus. Corremos em direção aos prazeres momentâneos ou a satisfação temporária. Não sabemos bem por que fazemos coisas que não queremos fazer.

Houve inúmeras vezes em que olhei para algo com uma intenção lasciva, mesmo que tudo em mim soubesse que eu não deveria. Respondi irritado às pessoas, em vez de lhes mostrar a mesma bondade que me foi mostrada. Senti-me no direito de comprar algo que queria por achar que preencheria algum vazio em mim, mas sem nunca conseguir me satisfazer. Por que faço isso? Por que faço o que não quero fazer? E o que devo fazer em vez disso?

Vícios & Virtudes

Em minha vida e nos milhares de estudos de casos individuais que vi de perto como pastor ao longo das duas últimas décadas, há duas lições que se destacam. Uma, o pecado (com frequência) se insinua sutilmente em nossas vidas. Duas, apesar de gostarmos de soluções rápidas, buscar a santidade é uma jornada para a vida toda repleta de microdecisões pelo caminho.

Nas páginas deste livro, analisaremos dez diferentes pecados (ou vícios) que parecem nos fazer tropeçar, um ano depois de outro, uma geração após outra. No caso de cada um desses pecados, veremos que eles se insinuam em nossa vida aos poucos. Ninguém deseja ser consumido pela ganância ou luxúria [lascívia], por exemplo. Com o tempo, nosso coração é simplesmente levado nessa direção. Se você não for cuidadoso e vigilante, qualquer um desses dez pode ser o elemento que o desvia do caminho. À primeira vista, talvez você nem sinta que seja algo com que esteja lutando, mas à medida que passar por cada capítulo e examinar seu coração, encontrará modos pelos quais vem coabitando com esses vícios durante anos sem mesmo se dar conta.

Cada pecado é acompanhado por uma solução (ou virtude) correspondente para o problema. Por exemplo, a solução para o pecado do orgulho é a prática da humildade. A solução para o pecado da ira é a prática do perdão. Examinaremos as páginas da Bíblia para ver como responder da forma que melhor honra a Deus a cada um desses pecados que nos fazem tropeçar.

Em seu livro, *Uma Longa Obediência na Mesma Direção*, Eugene Peterson diz:

> *Existe um grande mercado para experiências religiosas em nosso mundo; há pouco entusiasmo para a paciente aquisição da virtude, pouca inclinação para se inscrever no longo aprendizado do que gerações antigas de cristãos chamavam de santidade.*[1]

O recado dele é simples. Adoramos experimentar ou sentir coisas, mas a rotina diária de escapar do pecado e buscar a santidade é muito mais difícil. Mas só porque é difícil não significa que não é certo. Esse compromisso diário em procurar as coisas de Jesus mostra o que significa ser um discípulo — um seguidor de Cristo. E aqui está a melhor parte: você pode fazer isso.

INTRODUÇÃO

Mudar é Possível

Há quase dois mil anos, o apóstolo Paulo disse à igreja em Roma, "Não se amoldem ao padrão deste mundo, *mas transformem-se pela renovação da sua mente*, para serem capazes de experimentar e comprovar a boa, agradável e perfeita vontade de Deus" (Romanos 12:2, ênfase adicionada). À primeira vista, isso parece ótimo na teoria, mas é mesmo possível renovar sua mente? Na verdade, sim.

Nas últimas décadas, cientistas descobriram que se pode, de fato, mudar (ou *renovar*) a mente. Durante séculos, a hipótese comumente aceita entre cientistas e psiquiatras era a de que depois dos anos de formação na infância e adolescência, o desenvolvimento do cérebro estava concluído e não mais mudaria.

Contudo, recentemente, descobriu-se algo chamado de *neuroplasticidade* (*neuro* significando "do cérebro" e *plasticidade*, que ele pode mudar porque é flexível e moldável). É isso que ocorre se você aprisionar seus pensamentos — ou se você interromper uma determinada atividade e substituí-la por outra atividade ou um novo padrão de pensamento — esse caminho no cérebro atrofia e um novo caminho é aprendido.

Você cria novos caminhos neurológicos quando substitui os hábitos e os padrões de pensamentos antigos, maus, destrutivos ou prejudiciais por novos, verdadeiros, construtivos e mais saudáveis. O que acha disso? Milhares de anos atrás, Paulo sabia do que estava falando! Renovar nossa mente pode ser difícil, mas implica uma promessa: se o fizer, conhecerá a vontade de Deus.

Rezo para que, enquanto você lê sobre os vícios e virtudes descritos nas páginas deste livro, o Espírito Santo lhe mostre onde permitiu que o inimigo (demônio) dominasse a sua vida e que, ao ver a Palavra de Deus, renove a sua mente enquanto busca a vida para a qual Jesus o chamou. Lembre-se: a única forma de derrotar um mau hábito é substituí-lo por outro melhor.

. PARTE 1 .
AS BATALHAS ANTIGAS

Eu adorava ir à praia quando jovem. Uma das vantagens de crescer no sul do Texas era que a praia ficava a uma pequena distância de carro, então nossa família fazia a viagem com frequência. Port Aransas era o local frequentado pela família. Eu sei, eu sei; o litoral do Texas não é o Havaí, mas quando se é criança, não pensamos muito nisso.

Lembro-me de uma viagem em especial quando eu estava no ensino fundamental. Depois de estacionar o carro, minha mãe abriu um guarda-sol, arrumou algumas cadeiras e nossas toalhas. Ela ficava nervosa em me deixar nadar sozinho, então me fez prometer que eu ficaria onde pudesse me ver o tempo todo.

Cerca de meia hora mais tarde, olhei e não vi minha mãe. Não vi nosso guarda-sol e as cadeiras em nenhum lugar. Nadei até a praia e percebi que o carro também não estava lá. Depois de todo o alarde de "fique onde eu possa vê-lo", ela foi embora e me abandonou? Eu não sabia o que fazer, então comecei a andar pela areia à procura de alguém que pudesse me dar algumas moedas para usar a cabine telefônica. Foi então que me dei conta de que estava em outra parte da praia. Era óbvio que a correnteza tinha me levado para longe de minha mãe. Enquanto eu andava pela praia, para o lado oposto da corrente, acabei por encontrá-la no mesmo lugar.

Às vezes, parece que Deus está longe de nós. Com frequência, isso ocorre porque o pecado nos afastou. Ele nos distraiu da intimidade com Ele e voltou nossa atenção para as coisas do mundo. Todos os crentes gostariam que pudéssemos ir a algum lugar em nosso passeio com Jesus onde não houvesse mais o risco de nos desviarmos. Desejamos que pudéssemos ligar o piloto automático. Contudo, não existe piloto automático no cristianismo. Para ficar perto de Deus, temos que nadar exaustivamente contra a corrente.

Uma Lista Interminável

No século IV, um monge de nome Evágrio Pôntico resolveu escrever e decidiu classificar as tentações comuns em oito categorias, chamando-as de "os oito pensamentos malignos". Na época, ele não escreveu para todos os cristãos — apenas estava tentando ajudar alguns de seus colegas monges explicando como esses oito padrões de pensamento poderiam distraí-los de seu verdadeiro objetivo (a devoção a Jesus).[1] Algumas centenas de anos mais tarde, o Papa Gregório I modificou a lista, reduzindo-a de oito para sete (dizendo que o orgulho era o vício principal). Vários séculos depois, Tomás de Aquino tomou a lista e a modificou outra vez.

Neste livro, estamos simplesmente usando uma ideia transmitida por quase 1.700 anos. Nós a mudamos novamente, tomamos alguns itens da lista original que continuam a contaminar cristãos e adicionamos algumas dificuldades modernas de que precisamos falar hoje. Este livro é dividido em duas partes: as batalhas antigas e as guerras modernas.

Embora o mundo mude constantemente, assim como a cultura, estes são os cinco pecados (ou vícios) clássicos e suas correspondentes virtudes de que trataremos na Parte 1:

AS BATALHAS ANTIGAS

- Orgulho & Humildade
- Ira & Perdão
- Cobiça & Generosidade
- Apatia & Diligência
- Luxúria & Autocontrole

Estes pecados nunca aparecem juntos na Bíblia. Jesus não divulgava essa lista por ordem de importância quando pregou o Sermão da Montanha. Mas a ideia é simples: tornar-se vítima desses pecados, por mais importantes ou insignificantes que possam parecer aparentemente, consumirá a sua alma. Infelizmente, estou falando sério; sou especialista em pecados. Só encontrei a fé em Jesus aos vinte e poucos anos e tive bastante tempo para vivenciar plenamente cada um deles. Acredite em mim: cada tópico de que tratarmos neste livro o afastará da vida que você pode levar.

Dependendo de seu conhecimento dos primeiros fundadores da igreja primitiva ou de sua formação religiosa, é possível que você note a ausência de alguns na lista dos "sete pecados capitais". A gula e a inveja não foram deixadas de fora porque acho que são ótimas ideias (não são) ou porque acho que não são importantes. Ambas são extremamente prejudiciais. A gula, ou a entrega a excessos, resume-se no quanto realmente queremos algo (e o usamos para amortecer qualquer dor que estejamos sentindo). Em uma época como esta, fazemos isso de várias formas diferentes, desde como gastamos nosso dinheiro para comer demais, assistir pornografia, beber demais. Tendemos a usar em excesso o que quer que tenhamos escolhido como nosso ídolo. Com franqueza, sinto que a gula é uma questão tratada em vários capítulos do livro, portanto, dedicar-lhe um capítulo inteiro me pareceu redundante.

A inveja, outro pecado das listas "originais", passa a mesma ideia (especialmente quando falamos sobre cobiça e direito, mais tarde). A inveja nasce de nosso descontentamento — quando sentimos que merecemos algo que outra pessoa tem — e, ou alimentamos nossos desejos, ou permitimos que nosso coração se encha de um estado de amargura no qual nada que temos é bom o bastante. Como discutiremos depois, tudo isso se resume ao estado de nosso coração, não à quantia de dinheiro em nossa conta bancária ou ao status de nossos relacionamentos.

Aprendendo a Viver

A história original deste livro remonta a uma passagem da última carta do apóstolo Paulo a Timóteo, seu aprendiz e parceiro de ministério mais próximo, antes de Paulo ser executado. Nela, ele conta a Timóteo todas as últimas coisas que quer que o parceiro saiba. No final da carta, ele passa alguns conhecimentos sobre como viver.

> Saiba disto: *nos últimos dias sobrevirão tempos terríveis. Os homens serão egoístas, avarentos, presunçosos, arrogantes, blasfemos, desobedientes aos pais, ingratos, ímpios, sem amor pela família, irreconciliáveis, caluniadores, sem domínio próprio, cruéis, inimigos do bem, traidores, precipitados, soberbos, mais amantes dos prazeres do que amigos de Deus, tendo aparência de piedade, mas negando o seu poder. Afaste-se também destes (2 Timóteo 3:1–5).*

Não sei quanto a você, mas ao ler essa passagem, as circunstâncias de Timóteo não parecem nada diferentes do mundo decadente em que vivemos hoje. Mas, também como Timóteo, somos chamados a algo mais elevado.

. 1 .

ORGULHO & HUMILDADE

Lembro-me do exato momento em que fui chamado ao ministério vocacional. Eu estava sentado à minha escrivaninha em um edifício alto em Dallas quando ouvi Deus dizer: "Você vai trabalhar para mim." Não sei se você teria ouvido se estivesse sentado ao meu lado, mas eu ouvi. Bom, aqui está algo que deve saber sobre mim: se perguntar às pessoas que me conhecem bem, elas dirão que não sou o tipo de sujeito que fala "ouvi Deus dizer". Porém, dessa vez, foi diferente. Mesmo hoje, depois de todos esses anos, só consigo descrever a experiência como impressionante.

Liguei para meu amigo Bo e pedi que me encontrasse na minha casa imediatamente. Note que estávamos no meio de um dia útil.

"Estou no trabalho", ele respondeu.

"Será que você consegue sair? Aconteceu uma coisa importante e preciso conversar com você a respeito." Sendo o bom amigo que era (e é), Bo disse que acharia um jeito.

Nós nos encontramos em casa às 13h30. Enquanto andava de um lado a outro pela sala, nervoso, eu disse, "Você vai querer se sentar para ouvir isso". Ele estava confuso (e, provavelmente, nervoso), sem saber o que eu lhe diria em seguida. "Acho que Deus acaba de me chamar para o ministério", contei.

Bo não ficou nem um pouco surpreso. Ele reagiu com palavras encorajadoras, falou que havia visto Deus agir em minha vida e tinha certeza de que Ele estava realizando um novo trabalho em mim.

Apenas alguns anos antes desse momento, eu era um frequentador da vida noturna de Dallas. Eu era tudo de errado que havia na cidade em uma só pessoa. Eu era pretensioso e materialista. Adorava me divertir. Rotineiramente buscava afirmação em relacionamentos superficiais e transas de uma noite. Jesus tinha me salvado, mudou meu coração e, agora, parecia querer mudar minha profissão. Apressadamente decidi contratar um advogado e criar uma empresa sem fins lucrativos. Achei que arrecadaria dinheiro e o daria a Jesus. Bo me impediu e sabiamente me encorajou a orar antes de fazer qualquer coisa. "Se Deus o está chamando para algo, Ele lhe mostrará o que é no momento que achar certo", ele disse.

Então orei. Orei todos os dias. Orei várias vezes ao dia. "Deus, coloque-me onde quer que eu esteja e ajude-me a encontrar satisfação nesse lugar." No quinto dia proferindo essa oração, eu caminhava pelo saguão do escritório em Dallas quando meu telefone tocou. Era Rick, o pastor de minha igreja. Rick disse, "Eu tenho um trabalho que gostaria que considerasse". Pensei que ele falava sobre ser voluntário em alguma função da igreja.

"Claro," respondi. "Diga onde devo estar e quando."

Rick replicou, "Não, eu me refiro a um *emprego*. Aqui na igreja."

Fiquei calado do outro lado da linha. Então, lembrei-me. "Ah, entendi. Você falou com Bo."

Rick, agora também confuso, respondeu, "Quem é Bo?"

Falei, "Você sabia que há cinco dias contei ao meu amigo Bo que achava que Deus estava me chamando para o ministério?" Rick não sabia de nada. Na verdade, Rick apenas estivera orando sobre uma descrição de cargo, e disse que Deus lhe trouxe meu nome à mente.

Na época, há quase vinte anos, minha mulher e eu trabalhávamos e não tínhamos filhos. Ela era professora de educação física em uma escola de ensino fundamental, e eu trabalhava

ORGULHO & HUMILDADE

com desenvolvimento de negócios em uma empresa, a Fortune 15. Ganhávamos centenas de milhares de dólares por ano e (tristemente) conseguíamos gastar tudo em qualquer coisa que quiséssemos ter e experimentar. Além disso, ela planejava parar de trabalhar quando começássemos uma família. Este "chamamento para o ministério" era realmente inconveniente para nossos planos. Passaríamos a uma renda única – o salário de um pastor, de US$40 mil. Tínhamos uma hipoteca, e, logo, o nosso primeiro filho estaria a caminho. Mas, sabe de uma coisa? Eu não tinha dúvida sobre a existência de Deus. Não me perguntava se acreditava n'Ele. Ele era mais real do que jamais havia sido. Se Ele estava me pedindo para fazer algo, por que não concordaria?

Ele me chamou para uma tarefa e me mostrou um caminho.

Fui trabalhar na igreja como pastor de pequenos grupos[*]. Dois anos depois, comecei a pregar. Nos anos seguintes, o ministério de 150 pessoas aumentou para milhares de participantes, com dezenas de milhares online. Convites para palestras chegaram às dezenas. Um editor me ligou e quis que eu escrevesse um livro. Eu tinha um empresário! Quem conhecia pastores com empresário? Eu estava sendo convidado para falar nos palcos mais importantes do mundo e estava ganhando quase tanto dinheiro quanto no mundo corporativo, o que não imaginava ser possível.

Certa sexta-feira pela manhã, eu estava reunido com outros homens do meu pequeno grupo. Era comum confessarmos nossos pecados e orarmos uns pelos outros. Eu disse a eles, "Tenho a impressão de que estou me tornando espiritualmente arrogante". Quando eu não ganhava muito dinheiro e era o sujeito que arrumava as cadeiras, Deus era muito real e minhas intenções eram puras. Agora, eu não tinha tanta certeza. Eu adorava ser

---

[*] Que têm o objetivo de proporcionar momentos de comunhão entre os irmãos, nos quais existe a troca de testemunhos, experiências e intercessões. [N. da T.]

amado. Eu adorava ter fãs e seguidores. O pecado tinha se infiltrado e estava começando a causar estragos em toda a minha vida. Eu disse àquelas pessoas: "Acho que preciso lutar com Deus como Jacó em Gênesis 32. Ele precisa deslocar a articulação de minha coxa." Então eles oraram para que Ele o fizesse. Você lerá mais a respeito depois, mas aqui vai um spoiler: Ele o fez.

Cadeiras Demais

Alguma vez você já teve que arrumar cadeiras? Eu arrumei muitas nos últimos vinte anos. É uma parte inesperada do ministério sobre a qual ninguém o adverte. Quando Deus me chamou, gostaria que tivesse dito: "JP, quero que você deixe seu emprego e vá trabalhar na igreja. PS: certifique-se de fortalecer seus bíceps e tríceps." Só um pequeno aviso teria sido legal.

Cadeiras dobráveis de metal, cadeiras de centros de conferência, cadeiras de salões de festa de hotéis... Arrumei todas elas ao longo dos anos. O mesmo ocorre sempre que é hora de fazer a limpeza depois de um evento. Diferentes pessoas carregam diferentes quantidades de cadeiras. Sempre há o sujeito que está ali somente pelo aspecto social. Ele carrega uma por vez e está mais concentrado em terminar sua história do que colocar as cadeiras penduradas. Do lado oposto da situação está o Cara Esportivo. Todos conhecem um Cara Esportivo. Ele está ali para mostrar a todos que nunca perdeu um dia de musculação. Acho até que pratica Crossfit. Pergunte a ele. O Cara Esportivo tentará entrar para o *Guiness Book* naquele momento. Todos os outros estão dando o seu melhor e levando quantas puderem.

Sem falta, uma coisa acontece com frequência: alguém deixa cair algumas cadeiras. Faz uma barulheira. Não há nada pior do que o som de cinco cadeiras de metal dobráveis desabando no piso de concreto. Por que as deixam cair? Estavam tentando levar cadeiras demais. Eles acabam não conseguindo segurá-las, uma começa a escorregar e, então, toda a pilha cai no chão. Eles achavam que tinham a situação sob controle, mas, no final, tudo desabou. Eles estavam carregando mais do que podiam carregar.

O Vício do Orgulho

O orgulho nos faz carregar mais do que deveríamos, e o desastre se aproxima. Os cristãos acreditam que o orgulho é a base do pecado de Satanás. Segundo a história da origem de Satanás em Ezequiel 28:12-19, ele era um anjo — o mais sábio e belo do reino de Deus. Mas isso não era o bastante para ele. Ele tentou conquistar autoridade e poder iguais aos de Deus, de modo que foi expulso do paraíso e enviado à Terra. No fim das contas, Satanás decidiu que simplesmente se relacionar com Deus não era o suficiente. Ele queria *ser* Deus. Ele não confiava em Deus e, então, tornou sua missão motivar as pessoas a fazerem o mesmo. Em *Cristianismo Puro e Simples*, C. S. Lewis escreveu:

> *Segundo os mestres cristãos, o vício fundamental, o mal supremo, é o orgulho. A devassidão, a ira, a cobiça, a embriaguez e tudo o mais não passam de ninharias comparadas com ele. É devido ao orgulho que o Diabo se tornou o que é. O orgulho leva a todos os outros vícios; é o estado mental mais oposto a Deus que existe.[1]*

O mesmo desejo que fez Satanás ser expulso do paraíso se manifesta no Jardim do Éden em Gênesis 3. Satanás não oferece a Eva uma mala cheia de dinheiro ou prazer ilimitado; é a oportunidade de ser igual a Deus. Satanás, desde o início da humanidade, usou o orgulho para tentar as pessoas a serem iguais a Deus. É um arco de história consistente em todo o Velho Testamento: Deus ordena que as pessoas façam algo, elas acham que são mais espertas, fazem o que querem e, então, têm que lidar com as repercussões de seu pecado. Elas adoravam a ideia de desempenhar o papel de Deus. E nós também.

POR QUE FAÇO O QUE NÃO QUERO FAZER?

A mesma situação ocorre no Novo Testamento. Em 1Pedro 5:5, Pedro escreve:

Da mesma forma, jovens, sujeitem-se aos mais velhos. Sejam todos humildes, uns para com os outros, porque "Deus se opõe aos orgulhosos, mas concede graça aos humildes".

Aqui, Pedro cita Provérbios 3:34 para enviar uma mensagem a seus seguidores: Deus não só fecha os olhos aos orgulhosos, Ele se *opõe* a eles. Há alguns anos, escrevi esse versículo no espelho do meu banheiro e o lia todas as manhãs para lembrar o que é verdadeiro (falaremos mais sobre isso depois). A metáfora de encerramento usada por Pedro também é de fácil compreensão: ou vestimos o orgulho, ou vestimos a humildade.

Quando vestimos o orgulho, nós nos abrimos para o pecado. Ficamos tentados a ler essa sentença, concordar com um aceno de cabeça e continuar a viver. Porém, pare e pense nisto: quando vestimos o orgulho, nós nos abrimos para o pecado. Vestir o orgulho nos leva a ser *devorados* pelo pecado. Você lembra quando Lady Gaga usou um vestido feito de carne no MTV Video Music Awards 2010? Se não sabe do que se trata, não era um vestido que *parecia* carne. Ela estava praticamente vestindo um filé de costela. Então, imagine colocar Lady Gaga com seu vestido de carne na jaula de um leão. O que aconteceria? É isso que ocorre quando vestimos o orgulho.

Temos um inimigo, Satanás, que não é deste mundo e quer apenas que nosso pecado nos devore e destrua nossa vida. Provérbios 16:18 diz: "O orgulho vem antes da destruição; o espírito altivo, antes da queda." O orgulho sempre precede a destruição.

Satanás é como um leão faminto. Este fato é interessante, pois temos opções. Então, o que podemos fazer? Podemos nos recusar a alimentá-lo. Pense em Satanás como um gato perdido (ou um leão perdido, a título de ilustração). O que acontece quando você alimenta um gato abandonado? Ele encontra um lar. Você se torna dono de um gato!

ORGULHO & HUMILDADE

Contudo, se você o deixar com fome e disser, "Não, não e não. Não há nada para comer aqui. Não farei isso, não vou olhar para isso. Não aceitarei essa situação. Não pensarei nisso", tudo muda. Satanás diz, "Tudo bem. Encontrarei outra pessoa para me alimentar. Preciso comer". Quando não come, ele enfraquece e, quando está fraco, você consegue resistir a ele. Assim, não o alimente. Você tem a opção de alimentá-lo ou não.

Como saber se você está vestindo o orgulho? O jeito mais fácil é realizar um teste de autodiagnóstico. Faça-se muitas perguntas. Você está ansioso? Você critica os outros? Fica na defensiva quando alguém aponta para o pecado em sua vida? Percebe o orgulho nos outros rapidamente? Você constantemente procura a aprovação dos outros? É inseguro? Tira proveito da graça de Deus? Sente-se envergonhado? Acha que seu pecado é maior do que a graça de Deus pode suportar? Considera-se inútil e imperdoável? Há um pecado em especial que o define melhor do que a reivindicação de Deus sobre a sua vida?

Se a resposta a qualquer uma dessas perguntas for sim, então seja bem-vindo ao clube. Uma coisa é entender que lutamos contra esse pecado; outra é buscar a cura e a restauração do mal que ele nos causa. Acho que essa luta, mais do que qualquer outro pecado, pode lhe tirar a benevolência, a bênção, a alegria e a graça de Deus. Eu tirei uma lição dessa experiência.

A Lição que Continuo a Aprender

Lembro-me bem do dia em que meus pais me levaram para meu apartamento na faculdade. Carregamos os móveis. Compramos alguns mantimentos. Penduramos algumas fotografias da família. Dei-lhes um abraço de despedida e, enquanto os via sair do estacionamento, me dei conta de que estava livre para fa-

POR QUE FAÇO O QUE NÃO QUERO FAZER?

zer *qualquer coisa* que quisesse. Havia um mundo de possibilidades infinitas ao meu alcance. Podia satisfazer qualquer vontade, pois eu era *livre*.

O problema era que eu tinha toda a liberdade que podia querer, mas nenhuma maturidade. Na noite seguinte, fui à festa em uma fraternidade e aprendi o que era um "keg stand"**. Eu ia a todas as festas. Eu bebia. Eu usava drogas. Eu saía com garotas. Comecei a alimentar um vício por pornografia. Arrumei um emprego que eu usava para pagar por todos os meus novos passatempos. Eu me vi em um relacionamento com uma garota que pensei amar (com base em uma definição pouco saudável da palavra). Enquanto adicionava todos esses fatos novos à minha vida, comecei a me afastar da igreja e de Deus ao mesmo tempo.

Certa noite, eu me dei conta de que estava sobrecarregado. Sentia-me diferente. Longe de Deus. Supercomprometido. Eu precisava da aprovação dos outros. Eu desempenhava e tentava manter a minha recém-descoberta *persona*. Quando fazia minhas orações (tive vários anos de escola católica no meu currículo, então as orações continuavam a fazer parte de minha rotina), tinha a impressão de que Deus não estava ouvindo.

Deitado em minha cama de solteiro, olhando para o teto na escuridão, comecei a chorar de modo incontrolável. O que tinha acontecido comigo?

Vamos saltar para quase duas décadas depois de deixar aquele dormitório. Quase tudo em minha vida havia mudado. Eu havia entregado minha vida a Cristo. O vício em pornografia estava longe. As saídas com garotas eram coisa do passado. Agora eu estava casado e tinha três filhos. Eu fazia parte da equipe de uma igreja, liderando um ministério de jovens adultos. Eu havia começado a receber convites para palestras fora de nossa igreja. E tinha acabado de assinar um contrato para escrever um livro! Tudo estava

---

** Um jogo em que uma pessoa, ajudada por outras, fica de ponta cabeça sobre um barril de cerveja e tenta beber o máximo que puder. [N. da. T.]

ORGULHO & HUMILDADE

bem e certo. Pelo menos, era o que parecia. Eu nem imaginava que estava vestindo o orgulho. Nesses momentos, o orgulho é como um colete de peso que se usa quando se pratica exercícios. Ele pode fazer você parecer maior e mais forte, mas, na verdade, só o sobrecarrega. Ele torna tudo mais difícil do que deveria.

O orgulho leva à ansiedade, porque começamos a pensar que *tudo* depende de nós. Achamos que somos o Super-Homem ou a Mulher Maravilha e, se não correspondermos à nossa parte do trato (você sabe, salvar o mundo), então decepcionaremos a nós mesmos, a Deus e a todo o mundo. Mas Deus nunca pretendeu que fosse assim. Os dois próximos versículos em 1Pedro 5 dizem: "Portanto, humilhem-se debaixo da poderosa mão de Deus, para que Ele os exalte no tempo devido. Lancem sobre Ele toda a sua ansiedade, porque Ele tem cuidado de vocês" (vv. 6-7). Você acha que precisa fazer tudo agora. Que precisa se formar com honras. Precisa se casar. Precisa do escritório de canto, da casa perfeita no melhor bairro, das melhores escolas. E, para onde quer que olhe, há pessoas que parecem ter tudo, ao contrário de você, o que o faz se sentir cada vez mais para trás. Mas, e se você for humilde sob a mão poderosa de Deus para que Ele o exalte em seu devido tempo?

Talvez Ele o exalte em *Seu* devido tempo. Às vezes, quando parece que a mão de Deus o está refreando ou esmagando, Ele, na verdade, o está protegendo para que, quando Ele estiver pronto, possa dizer, "OK, experimente isso".

No verão de 2017, achei que tinha que fazer tudo sozinho. Eu me achava invencível. Eu ouvi falar de algumas pessoas ficando esgotadas, mas achei que era imune. Eu pensava: "Sinto muito por elas. Nem sei do que estão falando. Não consigo me identificar com elas." Parece uma atitude humilde, certo? Então, um membro da família adoeceu e comecei a cuidar dele e a ajudá-lo. Isso ocorreu em meio a um programa movimentado de ensino de verão no qual dei 25 aulas em 6 semanas. Em meio a essas atividades, ocorreu a negociação sobre o livro, de modo que eu tinha prazos e obrigações para cumprir.

E, além de tudo *isso*, fui a uma igreja em Austin e ensinei três mensagens proféticas consecutivas. Eu estava voltando a Dallas quando uma grande igreja da costa oeste ligou e disse, "Ei, gostaríamos que viesse dar uma aula no próximo domingo". Eu mal acreditei. Que honra! Eu disse, "Isso é fantástico, eu adoraria ir até aí". Ao mesmo tempo, comecei a sentir o orgulho crescer dentro de mim. Todas eram grandes oportunidades. Oportunidades de progredir no reino de Deus — mas coisas boas se tornam coisas ruins se tentamos realizar coisas demais.

Eu realmente me senti como o Super-Homem naquele período. Como mencionei, eu até contei ao meu pequeno grupo sobre o orgulho que sentia e de ter lido a história de Jacó em Gênesis 32. Deus deslocou a articulação da coxa de Jacó e, daquele momento em diante, ele passou a mancar. Pedi ao meu pequeno grupo que orasse para que Deus me fizesse mais humilde. O Ministério da Saúde adverte: cuidado com essa oração. Ela pode ser atendida.

Peguei um avião para dar aula naquela igreja na Califórnia. Na noite anterior, quando estava deitado na cama muito pequena do hotel, meu coração começou a bater forte. *Bum bum ba-dum! Bum bum ba-dum!* Pensei: "Há algo errado com meu coração. O que há comigo? Algo não está certo com meu coração. O que está acontecendo com meu coração?" Então continuei com essa linha de pensamento. "Tenho que dormir. Preciso me apresentar diante de um monte de pessoas amanhã. Tenho que dormir. Preciso dormir. Há algo errado com meu coração. Preciso dormir. O que está acontecendo?" Você já entrou nesse tipo de círculo? Você só consegue pensar no quanto precisa dormir, fica ansioso quando não consegue e cria um círculo interminável.

Finalmente atravessei aquela noite terrível e me obriguei a proferir minha mensagem na manhã seguinte. Eles estavam realizando uma série chamada de "Heróis de Todos os Dias" e tinham uma imagem do Super-Homem. Um cara se levantou depois de mim e me agradeceu, dizendo, "Isso não foi incrível? Esse cara me lembra

ORGULHO & HUMILDADE

o Super-Homem". Escutei isso dos bastidores e pensei: "Super-Homem? Nem consigo dormir como uma pessoa normal e, certamente, não salto por cima dos edifícios. O que tem de errado comigo?"

No voo de volta a Dallas, ainda havia algo errado. Por fim, não aguentei mais e fui ao pronto-socorro. Quando cheguei, disse à equipe médica, "Há algo errado com meu coração". E, durante o tempo todo, as ondas de intensa ansiedade continuavam a me assaltar. Eu as *sentia*. Era uma sensação diferente da preocupação; aquilo era mais intenso. Minha ansiedade era insuportável. Eles realizaram um ECG e uma série de outros exames, e então o médico disse, "É, o seu coração não está batendo do jeito certo. Há algumas CVPs (contrações ventriculares prematuras)".

Olhei para ele e disse, "Você precisa consertar isso." Ao que o médico respondeu, "Você anda sobrecarregado? Está estressado?"

Na época, eu não sabia que estava, mas vou me adiantar e revelar alguma humildade: naquele momento, sentado em um quarto de hospital, ligado a aparelhos, estava a resposta às orações. Para mim, o orgulho parecia um complexo de salvador. Claro, minhas primeiras intenções eram nobres. Eu sentia que precisava salvar todo mundo. Eu precisava dizer sim a todas as situações. Eu precisava controlar cada aspecto de minha vida. Parecia que eu estava assumindo mais do que podia suportar, mas sem me dar conta disso. Até meus entes queridos diziam coisas como: "Você está fazendo muita coisa. Não sei se você precisa estar em todos os lugares", mas eu achava que sim.

O orgulho se manifestou em encontrar minha identidade em coisas tolas e materiais como acordos com editoras e grandes igrejas, e o Senhor me fez humilde. Ele disse: "*Você vai vestir isso, JP.*" Às vezes, meu coração ainda falha uma batida. É um lembrete para eu não assumir tarefas demais. Você sabe por que Ele fez isso? Porque me ama. Digo que é melhor vestir a mão de Deus do que a ansiedade.

A Virtude da Humildade

É provável que você tenha ouvido dizer que a humildade não é só pensar em si como alguém mais fraco, mas pensar menos em você. Isso é verdade, e é um ótimo primeiro passo para aprender a vestir a humildade. Mas ela não é só isso. A humildade no sentido bíblico não é só pensar em si como alguém mais fraco, inferior, mas também pensar mais nos outros ou como sendo melhores e mais fortes.

Meu problema (o que vai me criar dificuldades se eu fizer o que quiser) é que costumo achar que faço tudo melhor que os outros, até mesmo alguém que Deus criou para fazer essas coisas. Não é agradável fazer essa confissão, principalmente nas páginas de um livro. Mas é verdade. Isso se manifesta em minha vida e liderança como *controle*. Quero dar opinião em tudo, participar de tudo. Em meu orgulho, minha carne, acho que posso fazer as coisas de um modo melhor. E isso não está certo. Não é piedoso e é o oposto da humildade.

Todos os anos leio um livro (mas só um). Brincadeira — leio o mesmo livro, ano após ano. Ele se chama *Ego Transformado*, de Timothy Keller. É um livro muito curto que descobri ser útil várias vezes em minha vida. Um dos aspectos que ele trata é o problema do orgulho. Você pode se identificar dessa forma: todas as conversas têm que girar em torno de você? Quando interage com alguém e ele diz, "Pois então, meu filho acabou de receber o boletim..." e você responde, "Ah, puxa, deixe-me contar sobre *meu* filho e o boletim *dele*", ou ele diz, "Então, estamos pensando em nos mudar..." e você exclama no mesmo instante, "Ah, nós nos mudamos uma vez. E também compramos uma casa", está virando todas as conversas para si e algo está errado.

Falo disso com muito entusiasmo porque eu agia assim. Em certo momento, percebi, depois de estar no ministério por algum tempo, que grande parte do meu tempo era dedicado a ajudar as pessoas. Elas vinham e diziam, "Bem, assim é meu casamento. Assim é meu filho. Aqui está meu problema. Aqui estão minhas dificuldades. Aqui está minha dependência. Você pode me ajudar? Você pode me ajudar? Você pode me ajudar?" Identifiquei-me tanto com ajudar os outros a resolver seus problemas sem nem mesmo me dar conta disso.

Eu entrei em um lugar socialmente estranho: se fosse assistir a um jogo ou participar de uma festa de Natal e ninguém me pedisse ajuda, eu não sabia sobre o que falar. Eles diziam, "Ei, cara, você viu aquele jogo? O que achou?" E eu respondia, "Não. Como está seu casamento?" Eu sei, eu era ótimo nas festas. Era como se todos precisassem da atenção de um pastor. Compreender que nem todos precisavam de minha ajuda o tempo todo foi humilhante — e trouxe humildade à minha vida.

A humildade parece uma virtude benigna. É bem provável que, ao acordar esta amanhã, a sua primeira oração não tenha sido, "Senhor, por favor, faça de mim uma pessoa mais humilde. Quero mais humildade em minha vida". Entretanto, tive uma revelação profunda quando estudei a humildade: ela é vital para a nossa saúde espiritual, emocional e mental. Acho que o segredo da felicidade está, de fato, em praticá-la. Sem humildade, somos levados a um lugar em que pensamos em nós mesmos o tempo todo. Com frequência, a doença mental é (não sempre, mas muitas vezes) nascida do orgulho. Podemos ser levados a um lugar de sofrimento. Mas com a humildade, podemos perder nossa vida e encarar o mundo com leveza. Só com humildade podemos realmente levar a vida cristã como planejada.

Podemos servir aos outros com alegria, sair de nossa mente e avaliar as necessidades das pessoas e a melhor forma de cuidar uns dos outros. De fato, tudo muda quando acreditamos que a felicidade está mais ligada à humildade do que a qualquer outra coisa. Quando começamos a falar e dizemos, "Ei, isso pode parecer arrogante, mas...", não nos damos conta de que o que está para sair de nossa boca é destrutivo. Devemos aprender a deter esses pensamentos, aprisioná-los e destruí-los, caso contrário, eles nos levarão a algum lugar perverso e maligno. Se definirmos a grandeza como algo que não seja o serviço humilde ao homem mais humilde no mundo, cometemos o mesmo erro que o demônio.

O Exemplo de Jesus

Os cristãos olham para Jesus como exemplo a seguir para tudo que falam e fazem. Como lemos em Hebreus 12:2, Jesus é o pioneiro (ou, talvez, nossa versão diga "fundador" ou "autor") e aperfeiçoador de nossa fé. Assim, quando tentamos crescer na virtude da humildade, nossa busca começa e termina com Jesus. Toda a narrativa da vida de Jesus é de humildade, desde o início. Pense nisso: o próprio conceito de que Deus se tornaria humano ao nascer de uma humilde virgem, em um humilde estábulo, em uma humilde cidadezinha como Belém, é suficiente. Mas esse é apenas o começo da humildade de Jesus durante seu tempo na terra.

Quando seu ministério terreno começou, Jesus sempre encontrou meios de servir e honrar melhor àqueles que o rodeavam. Até quando seus discípulos começaram a discutir sobre trivialidades, como quem entre eles era o melhor (algo estranho para discutir quando se vive ao lado do Messias), Jesus respondeu com sua própria declaração de missão em Marcos 10:45, dizendo, "Pois nem mesmo o Filho do homem veio para ser servido, mas para servir e dar a sua vida em resgate por muitos".

A humildade, para Jesus, vinha por meio do serviço aos que o cercavam. Na noite da Última Ceia, logo antes de ser torturado e crucificado, Jesus usou seu tempo para lavar os pés dos discípulos (João 13:1-17). Esse ato de humildade, mesmo para os discípulos, pareceu extremamente... errado. Pedro até se opôs! Mas Jesus queria provar um ponto. No mundo de altos e baixos do Evangelho, liderar é servir. É morrer para si e suas preferências. É engolir o orgulho. É sujar as mãos para servir os que o cercam. É uma forma diferente de viver.

ORGULHO & HUMILDADE

A humildade de Jesus não terminou ali. Quando Ele, um homem sem pecados, foi espancado, torturado e ridicularizado em todo o caminho até a cruz, Ele agiu com toda a humildade. O apóstolo Paulo, em sua carta aos Filipenses, descreveu Jesus desta maneira:

E, sendo encontrado em forma humana, humilhou-se a si próprio e foi obediente até a morte – e morte de cruz! (Filipenses 2:8).

Jesus se *anulou*. Mesmo na cruz — o modo pior e mais perverso pelo qual o Império Romano executava alguém. As mãos e pés eram perfurados. Era preciso empurrar o corpo com os pregos que trespassavam os pés para poder respirar. Morria-se uma morte lenta e humilhante por asfixia. Era o destino somente dos criminosos mais hediondos que cometiam os crimes mais hediondos.

Jesus, que era totalmente Deus, deixou de lado seu poder ilimitado. O Rei mais poderoso não usou o que lhe estava disponível para libertar-se, mas sim o usou para servir aos outros. O Rei morreu por seu reino — mas o reino pelo qual morreu o matou.

Vestindo-se para o Dia

Você lembra o chamado de 1Pedro 5:5 para se vestir com humildade? Veja o que é a humildade: ela cai bem em todos. A humildade é sempre adequada. Você pode usá-la com um *smoking* ou seu vestidinho preto preferido. Você pode vesti-la com jeans e botas, ou shorts e chinelos. Qualquer que seja o problema com que você se depare, vestir a humildade sempre reduzirá sua intensidade. É o que Jesus faria.

Alguns anos atrás, eu tinha uma reunião na minha agenda com alguém com quem eu me sentia um tanto frustrado. Não sei se você já fez isso, mas ensaiei toda a conversa em minha

POR QUE FAÇO O QUE NÃO QUERO FAZER?

mente. Eu estava aperfeiçoando todas as minhas respostas a seus argumentos e fiquei agitado. Logo antes da reunião, entrei no meu closet para me vestir. Nesses momentos, sempre tento pensar: *O que me ajudará a oferecer a Palavra? O que não será um obstáculo? O que devo vestir?*

Nesse momento, senti a convicção do Espírito Santo: *Vista-se em humildade. Você terá que usar muita humildade com essa pessoa. Deixe de lado sua programação. Você terá que ir preparado para ouvir. Você precisa tentar entender.*

Em todos os conflitos de que participei, quando consigo fazer isso, as coisas acabam se mostrando diferentes de como as vi no início. O motivo não era o que parecia. E, de fato, depois dessa reunião, ele e eu chegamos a um consenso: caminhar para frente em unidade e avançar para o reino juntos. Tenho certeza de que se o Espírito Santo não tivesse sido tão generoso em me lembrar desse versículo, eu teria prejudicado o resultado.

Quando os discípulos de Jesus discutiram entre si quem era o melhor deles, a resposta de Jesus não foi a que esperavam. Ele não piscou para um deles ou interrompeu a conversa para classificá-los pela ordem. Ele já havia lhes dito em Lucas 7:28 que "entre os que nasceram de mulher não há ninguém maior do que João (Batista)". Você sabe, o sujeito que usava roupas de pelo de camelo e comia gafanhotos. Ele era o melhor. Por quê? João usou toda a vida para mostrar às pessoas a grandeza de Jesus. Ele aproveitava tudo o que tinha para que as pessoas soubessem sobre Jesus.

Quando chegarmos ao céu, não acho que poderemos dizer, "Deus, por que não me disse? Eu não teria me sentido tão perdido em meus negócios. Eu não teria me preocupado tanto com meu dinheiro. Eu não teria ficado tão desgastado por causa de minhas notas. Eu não teria ficado tão perdido nos relacionamentos. Eu não teria tentado tanto conseguir seguidores no Instagram se você tivesse me dito. Por que não me disse nada? Se queria que eu fosse igual a João Batista, por que não disse

ORGULHO & HUMILDADE

simplesmente que ele foi o melhor ser humano que já existiu?"
Ele responderia: "Por que você simplesmente não leu a Bíblia?"

Acho que ainda há esperança para todos nós. Este pode ser um momento decisivo, agora mesmo. Você poderia fechar este livro e dizer, "Em cada relacionamento, deste momento em diante até eu ficar frente a frente com Jesus, vou procurar me perder a fim de servir aos outros e cuidar dos que me cercam". Se você já conheceu alguém que faz isso, tenho certeza de que realmente gosta dele. Assim, há benefícios para você também — mas não o faça pelos benefícios; faça-o para *ser como Jesus*.

TRÊS PERGUNTAS PARA FAZER A SI MESMO

1. Como você luta com o orgulho em sua vida?
2. Você pensa com frequência nas pessoas que o cercam ou se vê mais ocupado com os próprios pensamentos, sentimentos, vontades e desejos?
3. Que passo você pode dar hoje para crescer em humildade?

. 2 .
IRA & PERDÃO

Em meus próprios dias a.C. (antes de Cristo), eu tinha problemas para controlar a raiva. Se me conhecer hoje, esse fato o surpreenderá, mas aqueles eram outros tempos. Eu reprimia minhas emoções. Guardava a inveja ou qualquer outro sentimento no meu coração e então, em algum momento, explodia de forma violenta e ruidosa, principalmente quando as coisas não caminhavam do meu jeito. Eventos esportivos ou qualquer tipo de competição podiam acabar em briga. Amizades e relacionamentos amorosos acabavam em explosões iradas. Sempre que eu ouvia histórias de relacionamentos que terminavam de modo amigável, ou alguém dizia algo sobre um rompimento de "comum acordo", eu simplesmente supunha que estavam mentindo. Aquilo era um conceito totalmente desconhecido para mim.

Uma dessas brigas a.C se destacam ainda hoje. Cresci em uma pequena cidade (Cuero, Texas). Acho que eram seis mil pessoas no meio do nada. Eu trabalhava em um lava-rápido (ganhando dinheiro, é claro) em uma cidade vizinha (Victoria), que era um pouco maior, mas longe de ser uma região metropolitana, em qualquer medida. Eu ia e voltava todos os dias e fiz

POR QUE FAÇO O QUE NÃO QUERO FAZER?

um amigo em Victoria que me convidou a ficar em sua casa nos fins de semana para não ter que fazer a viagem de ida e volta o tempo todo. Ele me deu um lugar para morar. Isso que é um bom amigo.

Certo final de semana, todos os meus amigos iam a um grande parque aquático, cerca de uma hora e meia de distância. Quando digo "grande parque aquático", alguns imaginam que estou falando de alguns tobogãs ou algo parecido. Esqueça. Esse lugar era perfeito — o sonho de um adolescente. Um lugar lindo, maravilhoso. Montanhas-russas aquáticas, rios tranquilos, piscinas de ondas etc. Todos os meus amigos iriam, então eu disse ao cara com quem morava: "Ei, também deveríamos ir." Ele respondeu, "Não posso. Estou sem dinheiro". Meu espírito generoso se manifestou.

Eu disse, "Ei, amigo, você não entendeu. Sou pago no lava-rápido. Estou convidando. Eu vou. Você vai. Nós dois vamos! Eu pago a sua entrada. Para que servem os amigos?" Assim, fomos para o parque aquático dos nossos sonhos para nos divertir, nadar no rio, deslizar nos tobogãs e dar uma espiada em como seria o paraíso. Então, quando íamos embora, meu amigo foi até a loja de presentes e saiu com um novo colar de conchas *puka*. Você sabe do que estou falando... aquelas pequenas conchas brancas. Alguns de vocês tiveram um. Outros o estão usando agora mesmo. Esse era ainda melhor — tinha um pequeno dente de tubarão pendurado no centro.

Não acreditei. Depois de ter pago a entrada dele com o dinheiro ganho no lava-rápido! Eu disse, "Ei, ei, ei. O que é isso? O que você está fazendo usando esse colar? Por que comprou isso?" Ele respondeu: "Ah, cara, eu o vi e tive que comprá-lo. Não é incrível? São conchas *puka*." Respondi, "Mas você não tinha dinheiro para a entrada do parque". Ele falou, "É, eu não tinha, mas eu queria *muito* este colar".

Eu tinha feito um trabalho de reconhecimento naquele dia. Eu *também* havia notado o colar de conchas *puka* com o dente de

24

tubarão pendurado no meio (quem não notaria?). Sabia que ele custava mais ou menos o preço da entrada para o parque. Eu falei, "Escute. Se eu paguei pela sua entrada, você não pode sair gastando dinheiro em um colar".

Lá estávamos nós, no estacionamento do lugar mais fantástico do Texas, andando de um lado a outro. Então eu o empurrei. Na minha mente de 17 anos, imaginei que ele devolveria a agressão, que talvez trocássemos uns socos leves, levantaríamos, que nos abraçaríamos e diríamos, "Tudo bem. Vamos para casa". Veja, estávamos cansados. Estivemos sob o sol quente do Texas o dia todo, então não lutaríamos durante muito tempo.

Na realidade, ele se levantou e disse, "Acaba aqui. Não me ligue. Tire suas coisas da minha casa. Nunca mais quero ver você". Fiquei surpreendido, mas sei que pessoas magoadas magoam as pessoas, de modo que pensei que ele estava apenas desabafando. Liguei para ele no dia seguinte, determinado a fazer as pazes. Ele não atendeu. Continuei ligando e, finalmente, a mãe dele atendeu. Eu disse. "Oi, sou eu. Posso falar com seu filho?" Usei todo o meu charme. Ela respondeu, "Ah, ele nunca mais quer falar com você". *Puxa.*

Você Está mais Zangado do que Imagina

Com a idade, aprendi que mais pessoas têm problemas com a raiva do que imaginam. Alguns de vocês podem ter lido o título deste capítulo e pensado em ignorá-lo, mas vejam por que não devem fazê-lo: é provável que não consigam controlar a ira tão bem quanto acreditam. Isso é fácil de ser notado no chefe que explode por pequenas falhas ou no pai que briga com o árbitro do jogo de futebol da escola por uma pequena falta. Somos ótimos em apontar o cisco no olho dos outros enquanto não vemos a viga no nosso (Mateus 7:1—3). Para muitos de nós, a ira se manifesta de modos diferentes. Deixamos pequenas frustrações se acumularem à nossa volta e dentro de nós e acabamos carregando muito mais ira do que imaginamos.

Você já esteve parado em um semáforo quando a luz fica verde e leva dois segundos para soltar o freio e pisar no acelerador, mas alguém atrás de seu carro toca a buzina? Há algo realmente ofensivo em uma buzina. É o mesmo que alguém xingar você! Ou talvez seus colegas de apartamento (ou seus filhos) o deixam maluco e você acaba se trancando em seu quarto porque isso é mais fácil do que lidar com eles cara a cara. Talvez a sua raiva se manifeste em seu casamento. Vocês coexistem nesse mundo sempre tenso, passivo-agressivo, onde desferem sutis (e não tão sutis) alfinetadas um no outro. Talvez isso ocorra com seus filhos. Seu garoto de 2 anos não quer comer as cenouras (um item que pode ser difícil de "vender") enquanto o de 4 anos não para sentado. Talvez seu filho de 16 anos esteja agindo como você na mesma idade.

Seja qual for a sua atitude padrão em relação a conflitos, ela (provavelmente) foi moldada pelo lar onde cresceu. Este capítulo atingirá cada um de modo diferente com base em como os que o criaram lidaram com a ira, o conflito e o perdão. Alguns de vocês tiveram pais que eram extremamente passivos-agressivos. Outros fingiam que tudo estava sempre em paz. Outros eram criadores de confusão. Outros, ainda, gritavam e jogavam objetos, de modo que você aprendeu a fazer o mesmo. Esse comportamento lhe foi passado como um bastão de revezamento. Acredite em mim: você pegará esse bastão e o passará aos seus filhos. É assim que funciona. Há pessoas que passam pela vida carregando o problema de controle da ira dos tataravós e nem mesmo sabem disso. Mas *existe* outro jeito.

Jesus diz que esta é uma questão muito importante. No Sermão da Montanha, o melhor de todos os tempos, ele basicamente afirma que o modo como você lida com a ira impactará o modo como será julgado, "Mas eu lhes digo que qualquer um que se irar contra seu irmão estará sujeito a julgamento. Também, qualquer um que disser a seu irmão: 'Racá', será levado ao tribunal" (veja Mateus 5:22). Quer você seja propenso a explosões ou acostumado a ocultar a sua ira, todos precisamos aprender a forma adequada de lidar com ela e com o perdão, porque *realmente* é importante para Jesus. Na segunda carta de Paulo à igreja em Coríntios, ele diz:

> *Tudo isso provém de Deus, que nos reconciliou consigo mesmo por meio de Cristo e nos deu o ministério da reconciliação, ou seja, que Deus em Cristo estava reconciliando consigo o mundo, não lançando em conta os pecados dos homens, e nos confiou a mensagem da reconciliação. Portanto, somos embaixadores de Cristo, como se Deus estivesse fazendo o seu apelo por nosso intermédio. Por amor a Cristo lhes suplicamos: Reconciliem-se com Deus. Deus tornou pecado por nós aquele que não tinha pecado, para que nele nos tornássemos justiça de Deus (2Coríntios 5:18–21).*

Paulo diz que todos os crentes são colocados aqui para serem embaixadores de Cristo; somos a firma de Relações Públicas de Jesus na terra. Mas isso não é tudo! Temos um "ministério de reconciliação". Tomamos peças quebradas e tornamos a montá-las. Como aqueles que foram reconciliados com Deus, devemos liderar o esforço quando se trata de perdoar os pecados dos outros porque muito já nos foi perdoado. Deveríamos ser os melhores do mundo em restaurar relacionamentos porque nosso relacionamento com Jesus foi restaurado. Tudo isso começa com encarar cada conflito de que participamos como uma oportunidade, não um obstáculo.

Cada Conflito é uma Oportunidade

Minha mulher dirige um Suburban, e quando a luz de verificação do motor acende, é sinal de que há um problema com o carro. Ela pode reagir de três maneiras, sendo que duas estão erradas. Uma opção é ignorá-la. Ela pode dizer: "Bem, a luz do motor acende em vários carros. Tenho certeza de que está tudo bem." Outra opção é ter uma reação exagerada. "A luz do motor acendeu? Precisamos vender essa coisa. Deixe esse lixo aqui e vamos embora."

A terceira opção é fazer a coisa certa, que é descobrir o que está ocorrendo no interior de todos aqueles componentes e causando o problema. Se ela a ignorar, o defeito continuará e ficará mais caro, mas se disser, "Vou me esforçar e ver o que está acontecendo", provavelmente poderá diagnosticar o problema e encontrar uma solução.

A sua ira é como a luz de verificação do motor. Quando você sente essa emoção, ela está lhe dizendo, "Alguma coisa está errada. Estou zangado. Alguma coisa está errada". Podemos ignorá-la e deixar que aumente. Podemos ter uma reação exagerada e explodir. Ou podemos nos comprometer a fazer o trabalho duro, respondendo no Espírito, e perguntar, "O que está acontecendo dentro de mim que está me deixando tão irado agora?"

Veja bem, todos os conflitos de que tomamos parte são uma oportunidade, mesmo que muitos de nós não os encaremos assim. O conflito não é algo que temos que evitar e não é inerentemente ruim. Ele é moralmente neutro, mas *pode ser* bom, dependendo de como reagimos a ele. Evitá-lo é uma reação ruim e explodir também. Mas podemos encarar cada conflito como uma oportunidade para sermos santificados, glorificar a Deus, crescermos como cristãos e curar um relacionamento. Temos ótimas oportunidades em meio a um conflito.

Alguns dos mais importantes empresários do mundo veem problemas como oportunidades. Quando o resto do mundo desiste, esse pessoal analisa a questão e diz, "Como podemos resolver esse problema e tirar proveito da situação?" Da mesma forma, alguns dos cristãos mais comprometidos do mundo veem conflitos como uma oportunidade para serem embaixadores da reconciliação, curar relacionamentos e restaurar esses relacionamentos a ponto de eles ficarem ainda mais fortes do que antes do conflito começar. O conflito em seu casamento é uma oportunidade para que ele se torne mais forte hoje do que ontem. Esse conflito com sua colega de quarto é uma oportunidade de vocês se tornarem melhores amigos. Sempre é uma oportunidade.

Deixando Sua Oferta no Altar

Jesus não brinca quando se trata de resolver conflitos rapidamente. Veja o que ele diz no Sermão da Montanha:

> *Portanto, se você estiver apresentando sua oferta diante do altar e ali se lembrar de que seu irmão tem algo contra você, deixe sua oferta ali, diante do altar, e vá primeiro reconciliar-se com seu irmão; depois volte e apresente sua oferta (Mateus 5:23–24).*

Acho que lemos isso e pensamos, "Ah, mas isso não se aplica a nós, porque nunca levamos nenhuma oferta a um altar". Porém, as pessoas que ouviram Jesus pregar esse sermão teriam levado um sacrifício, uma oferenda aromática para o altar do Senhor como forma de dizer, "Deus, perdoe-nos". Jesus lhes diz: "Antes de buscar o *meu* perdão, busque o perdão *deles*." Em outras palavras, "Antes de vir a mim pedindo que o perdoe, você precisa ir até eles e pedir-lhes que o perdoem".

Jesus usa essas palavras em um local fantástico, no início de um dos mais famosos sermões de todos os tempos. Basicamente, Jesus diz, "Quero que saibam que isso é importante. Nosso relacionamento só está bem se seus outros relacionamentos estiverem bem". Por esse motivo, elas são repetidas no Evangelho, para o caso de dizermos, "Bem, isso é só um caso isolado". Nada disso! Na Oração do Senhor (o Pai-Nosso), Jesus também diz, "Perdoa as nossas dívidas (nossos pecados), assim como perdoamos aos nossos devedores" (Mateus 6:12). A nossa oferta e a busca pelo perdão para e dos outros sempre são acompanhadas pela nossa busca do perdão de Deus.

Veja o que isso significa: talvez você tenha que deixar este livro de lado e procurar reconciliação. Se esse é o seu caso, vá! ("Ele está falando comigo?" SIM!) Pegue o telefone. Se necessário, compre uma passagem de avião. Você precisa sentar-se diante de alguém e dizer, "Você me perdoa? Esse relacionamento não está certo. Sei que errei com você quando..." Está muito claro no Evangelho que é isso que Jesus nos pede para fazer. Não está claro?

Entendendo o Perdão

Minha amiga Ally ensinou-me uma lição de perdão há alguns anos. Estávamos de partida para uma viagem missionária para o Brasil. Íamos de avião e depois de barco por alguns dias até chegar à tribo com quem compartilharíamos o Evangelho. A companhia aérea tinha um limite rígido de 22 kg para a bagagem (você conhece o procedimento), e já tínhamos falado sobre o assunto umas dez vezes antes da viagem.

Como era de se esperar, quando chegamos ao aeroporto, a mala de Ally pesava 24 kg. Ao reorganizarmos a bagagem, fiquei de lado enquanto Ally procurava o que poderia estar causando o excesso de peso. Depois de alguns segundos, ela tirou (não estou brincando) uma sacola com pedras. Fiquei confuso. Eram pedras especiais? Ela receava que não houvesse pedras no Brasil? Fala sério, por que as pedras? Vi que ela ficou constrangida, então não quis chamar atenção para a questão no momento. Mas fiquei muito curioso!

Ela me puxou de lado antes de o avião decolar e me contou que estava passando por um ministério de restauração, e cada pedra representava uma pessoa em sua vida que precisava perdoar, mas ainda não o tinha feito. Fiquei surpreendido — que

IRA & PERDÃO

exemplo poderoso! A amargura é exatamente isso: a bagagem que levamos e deixamos que nos sobrecarregue.

Alguns dias se passaram, e Deus estava presente nessa viagem. Pregávamos no convés do barco certa noite exatamente enquanto o sol se punha, e com o canto dos olhos, vi Ally caminhar até a beirada com as pedras na mão. Uma por uma, ela as jogou no rio Amazonas com lágrimas escorrendo pelo rosto enquanto se libertava de cada mágoa que ainda prendia no coração. Todas as mágoas e ressentimentos foram jogados no rio. Então ela voltou ao grupo e pediu-me para batizá-la naquela mesma água.

Ally entendeu que o perdão não é algo opcional para os seguidores de Jesus. Para entender corretamente o perdão, sempre temos que começar com Jesus. Ele se responsabilizou por nossos pecados contra um Deus santo. E é importante contra quem pecamos. Preste atenção: se você invadir o meu jardim, posso chamar a polícia na terceira ou quarta vez que o fizer, mas se você invadir o jardim da Casa Branca, levará um tiro.

Entenda, é importante a quem ofendemos. Nossa ofensa foi contra um Deus santo. A punição que merecemos é o inferno. Tivemos pensamentos adúlteros e assassinos. Fomos vingativos. E, mesmo assim, Ele nos perdoou. Devemos começar a perdoar as pessoas olhando para a cruz e viver o exemplo de Jesus. Ele não ignorou nossos pecados. Ele se responsabilizou por eles. Ele disse, "Este é o seu pecado e isto é quanto custa", e pagou por ele. Ao fazer isso, Ele apagou os nossos débitos.

Para perdoar alguém em sua vida, você terá que avaliar o quanto sua ofensa lhe custa emocionalmente. "Foi isso o que você fez e que me magoou." Então você dirá, "Eu o perdoo, o que significa que não vou buscar vingança por esse dano emocional". Porém, se eles danificaram seu carro ou propriedade, perdoar não fará essas consequências desaparecerem. Não significa que não devem pagar pelo dano ou recorrer ao seguro para cuidar do caso, mas, quanto ao dano emocional que causaram, você não alimentará mais amargura contra eles.

Mas aqui está o que isso *não* significa. Não significa que você não criará limites. Não significa que você não será sensato em suas interações no futuro. Não significa esquecer o que aconteceu. Não tem sentido achar que perdoar é esquecer. Não podemos esquecer, a menos que sejamos submetidos a uma lobotomia. É humanamente impossível. Contudo, perdoar é avaliar e dizer, "Aqui está como você me prejudicou e o quanto me custou esse prejuízo, mas estou lhe dizendo que não precisa me pagar. Eu apaguei essa dívida".

Quando Você é o Ofensor

Escute. Sei que é contraintuitivo admitir que se está errado. Algo dentro de nós quer sempre estar certo, independentemente de termos razão ou não. Mas haverá momentos em que magoamos os que nos cercam. Dizemos algo que fere o outro. Respondemos com ira. Fazemos comentários sarcásticos que magoam mais do que imaginamos. Tudo isso é normal, mas não quer dizer que está tudo bem. Antes, em Mateus 5:9, Jesus diz, "Bem-aventurados os pacificadores, pois serão chamados filhos de Deus." Nós, que somos filhos de Deus, somos chamados para ser pacificadores. Não os que ignoram a paz, fingindo que nada está errado. Não os que a rompem, que semeiam discórdia por onde passam. Somos chamados a ser pacificadores, e um importante primeiro passo para isso é saber como pedir perdão.

Entenda que em qualquer conflito no qual se envolve, uma parte lhe pertence. Talvez, 90%. Ou talvez sua parte seja 2%. Pode ainda ser 50% ou 33%, mas em cada conflito há uma parte que lhe pertence e, muitas vezes, você precisa calcular qual é. Não me importa se chutaram seu cachorro ou usaram sua escova de dentes para dar banho no cachorro. Ou talvez tenham dito algo realmente ofensivo e falso a seu respeito. Se você é parte *do* conflito, provavelmente possui uma parte *dele*. Possuir todo o conflito ou parte dele depende de você.

No parque aquático, eu deveria ter me aproximado de meu amigo e dito, "Cara, muito legal esse colar. Poxa, eu também gostaria de ter um. Ei, você pode me perdoar? Não percebi que tinha colocado condições para pagar o seu ingresso. Imaginei que você não gastaria dinheiro em outra coisa, mas não lhe disse isso, o que significa que criei expectativas sobre você de que nunca falei. Pode me desculpar, por favor?"

Esta frase é muito importante: "Pode me desculpar, por favor?" Ela começa com *pode*, que implica uma pergunta. Dizer apenas "sinto muito" não tem o mesmo peso. Parecem desculpas pedidas sem convicção aos seus irmãos quando sua mãe o obriga a isso, e não podem ser palavras vazias. "Eu lamento muito" não atende ao objetivo. A outra pessoa pode responder, "Você está certo. Você lamenta muito! O que fez é mesmo lamentável!"

Mais um detalhe: "desculpe-me por _____" é uma ordem. Você ainda tenta estar no controle. Para que haja um verdadeiro pedido de perdão, você deve estar disposto a renunciar ao controle. "Desculpe-me. Desculpe-me por qualquer coisa que eu tenha feito. Desculpe-*me* por *você* ser tão sensível. Desculpe-me por você interpretar o que fiz do jeito errado." Não faça isso.

Eu também sugiro evitar o "Desculpe-me se". O *se* não mostra posse. Ele dá a impressão que você não se importou em determinar se realmente provocou dor ou não.

Aqui está o que deve fazer (e requer uma postura totalmente diferente). "Por favor, você pode me perdoar por _____?" Essas palavras são tão poderosas que mudarão a sua vida se levá-las consigo. "Por favor, pode me perdoar por_____?" Na próxima vez em que tiver a oportunidade (e, lembre-se, cada conflito é uma oportunidade) de dizê-las a alguém, será realmente muito difícil, pois a guerra espiritual é real e Satanás o odeia. Ele tentará lhe dar todos os motivos que puder imaginar para deixar esse conflito sem solução ou convencê-lo a reiterar o seu comportamento.

Todos estaremos em uma situação em que teremos a oportunidade de dizer, "Por favor, pode me perdoar por ___?" e será muito difícil. Mas também será muito bom.

Quando Você é o Ofendido

É inevitável que as pessoas o magoem. Pode ser um cônjuge, um colega de trabalho, um irmão ou um pastor, mas alguém dirá ou fará algo que o machucará, de modo intencional ou não. Ficamos tentados a alimentar essas mágoas, não resolvê-las e continuar a viver carregando uma amargura e uma ira silenciosas. Mas e se houvesse um modo de resolver a questão depressa? O jeito mais fácil de avançar para o perdão é procurar a pessoa que o magoou. Sei que isso parece assustador, mas é o jeito *bíblico* de iniciar o processo. Afinal, em outro exemplo de Jesus falando sobre resolver conflitos, Ele diz:

> *Se o seu irmão pecar contra você, vá e, a sós com ele, mostre-lhe o erro. Se ele o ouvir, você ganhou seu irmão. Mas se ele não o ouvir, leve consigo mais um ou dois outros, de modo que 'qualquer acusação seja confirmada pelo depoimento de duas ou três testemunhas'. Se ele se recusar a ouvi-los, conte à igreja; e se ele se recusar a ouvir também a igreja, trate-o como pagão ou publicano (Mateus 18:15–17).*

Tenho outra frase que mudará a sua vida — pelo menos no que se refere à solução de conflitos. Depois de ter buscado o perdão por sua parte (e, lembre-se, você sempre tem uma parte que lhe pertence), sua próxima frase será, "Você me magoou ao___". Então você explica como o magoaram. É realmente simples.

Porém, e se for difícil explicar a dor que sente? Aqui estão algumas perguntas que poderão ajudá-lo a saber o que dizer. Faça-se essas perguntas quando estiver sozinho e peça ao Espírito

Santo para ajudá-lo a pôr seus sentimentos em palavras:

- Como eu me sinto?
- Como fizeram eu me sentir?
- Estou desanimado?
- Estou magoado?
- Estou zangado?
- Estou enciumado?
- O que a ofensa deles me custou e o que quero deles?
- O que acho que consertaria a situação? (Esperamos que seja o perdão, mas se não for, seja honesto consigo mesmo e comece a processar isso.)

Depois de refletir sobre essas questões e conseguir respostas para elas, você irá para uma conversa mais bem preparado para oferecer perdão à outra pessoa envolvida.

Anos atrás, soube de um jovem que cresceu em um lar abusivo. Antes de continuar a história, quero esclarecer: nenhum tipo de abuso é aceitável. Nunca. O pai dele era alcoólatra e uma pessoa muito enraivecida, e descontava a sua ira na mulher. Quando pequeno, esse jovem se escondia atrás do fogão e ouvia a violência e assim foi durante toda a infância. Então, quando ele tinha uns oito anos, o pai encontrou seu esconderijo. Dali em diante, o homem passou a descontar a raiva nele. Essa foi a sua vida. Essas surras injustas o afetaram (é óbvio) e ele cresceu e se tornou um ser humano muito irado e amargo.

Ele estava falando com seu terapeuta cristão certo dia, e o terapeuta disse: "A sua raiva está afetando muito a sua saúde. Ela está lhe fazendo mal. Precisamos descobrir um caminho para seguir adiante. Você terá que descobrir um meio de perdoar o seu pai." O jovem homem explodiu, irritado e irado. "Como ousa? Você não ouviu? Não entendeu o que ele fez? Como pode uma coisa dessas?" Mas, depois de se acalmar, ele perguntou, "O que eu poderia fazer?"

O terapeuta cristão perguntou, "Há alguma parte que possa lhe pertencer?"

Ele explodiu de novo. "Você não deveria ter licença para praticar. Nunca mais voltarei aqui! Como ousa? Você não escutou? Ele me batia! O que há de errado com você? Ele me batia!" Mas, mesmo enquanto falava, seu coração se abrandou. Ele se acalmou e perguntou, "O que quer dizer com a parte que me pertence?"

O terapeuta respondeu, "Você não tem culpa do abuso, mas quando lembra desses anos, há alguma coisa que possa ser sua? Você fez algo odioso para o seu pai? Disse alguma coisa terrível sobre ele? Teve pensamentos homicidas em relação a ele? Se todo o conflito for 100% de seu pai, entendo que a culpa é dele, mas há alguma porcentagem que lhe pertence?"

Ele pensou e disse, "Bem, acho que uns 2%". "OK", retrucou o terapeuta. "Apodere-se totalmente dos seus 2% e isso lhe oferecerá a base para você expressar sua mágoa para ele."

O Espírito Santo continuou a se movimentar no coração desse jovem e ele finalmente reuniu a coragem de enfrentar o pai sobre as coisas terríveis e hediondas que tinha feito. Ele o procurou e disse. "Pai, eu o odiei todos os dias de minha vida. Eu disse coisas horríveis sobre você. Eu desejei que estivesse morto. Imaginei como feri-lo inúmeras vezes. Eu sinto muito. Por favor, pode me perdoar por pelo que pensei e pelo que senti em relação a você esse tempo todo? Pai, preciso que saiba que você me magoou..."

Antes de terminar a última frase, o Espírito de Deus se manifestou, e seu pai caiu de joelhos, baixou a cabeça até o chão e começou a chorar, dizendo, "Eu sinto tanto. Eu sinto tanto. Eu sinto tanto". Quando seu pai finalmente se recompôs, ele ouviu tudo que tinha feito durante todos os anos. O filho pôde oferecer-lhe seu perdão. Essa situação impossível tornou-se a reconciliação de um filho com um pai por meio da difícil tarefa dele de expressar a dor para o mesmo pai que o havia magoado. Como disse um amigo meu, algumas coisas são fáceis de falar, mas difíceis de fazer.

Mas aqui vai uma explicação importante: se você é vítima de abuso, não quero, de modo algum, insinuar que você é responsável pelo que lhe ocorreu. Ninguém merece abuso. Ninguém. O que lhe aconteceu foi errado e é importante manter limites saudáveis. Sinceramente, quando esta história me foi contada, fiquei surpreso com o conselho do terapeuta. O filho era a vítima e não tinha nenhuma responsabilidade por seu abuso. É importante deixar isso claro.

A lição que aprendi com essa história é que quando as mágoas não são enfrentadas, elas podem se transformar em uma ira profundamente arraigada. O pecado de uma pessoa pode fazer outra pessoa pecar se ele não for resolvido. Não estou afirmando que a ira causada pelo abuso é pecado. Mas ela pode, sim, fazer pecar.

Jesus nos deu um processo para lidar com a ira que impede que essas mágoas se aprofundem. Ele adora ver seu povo reconciliado. Quando confiamos em Jesus e seu pagamento por nossos pecados, reconciliamo-nos com Deus e vivemos como ministros da reconciliação, ajudando a Deus a reunir as peças outra vez. É como se Ele tivesse nos dado superpoderes. Podemos curar relacionamentos. Isso é fantástico! Sei que é muito mais fácil falar do que fazer. Sei que a dor que você experimenta tem várias nuances. Enquanto escrevo essas palavras, estou orando pela sua cura e não quero tratá-la com irreverência. Quero que saiba que há esperança e cura à frente. Eu o aconselho a processar suas mágoas com outros cristãos que conhecem e entendem a Bíblia. Jesus nos chamou para fazer isso, e rezo para que encontremos a vida abundante e a cura que Ele deseja quando o fizermos.

POR QUE FAÇO O QUE NÃO QUERO FAZER?

TRÊS PERGUNTAS PARA FAZER A SI MESMO

1. Como você luta com a ira em sua vida?
2. Depois de ler este capítulo, você acha que está mais irado do que imaginou? Você está carregando uma bagagem emocional e uma amargura que, sinceramente, não imaginou que existia ali?
3. Que passo você pode dar hoje para crescer no perdão?

.3.
GANÂNCIA & GENEROSIDADE

Atualmente, muitas pessoas têm dificuldade em encontrar um emprego após a graduação na faculdade. Não quero me gabar, mas eu tinha dois empregos quando me formei. Na verdade, não era grande coisa — não pense que sou especial. Eu morava em Waco, Texas, trabalhava como garçom em um restaurante italiano e como vendedor de sapatos em uma loja do shopping. Antes que você sinta muita inveja de minha carreira, há algo mais. Eu morava na casa dos pais do meu melhor amigo porque o aluguel do meu apartamento havia vencido. Nesse ponto, o máximo que eu declarava de IR era cerca de US$7.900, isso no ano em que pagaram comissões sobre todas as vendas de calçados. E eu achava que estava ganhando dinheiro no lava-rápido. Agora, eu estava sendo realmente pago. Mas queria mais.

Certa manhã, acordei mais cedo que o normal, vesti uma calça cáqui, uma polo que enfiei no cós, e pensei, "Hoje vou encontrar um emprego de verdade". Saí de casa bem cedo e logo estava dirigindo pela cidade tentando pensar no assunto. "OK. O que vai ser? Para onde vou? O que quero fazer? Simplesmente bato em uma porta e digo, 'Ei, quer me dar um emprego?' Devo procurar placas de 'Precisa-se de funcionário' nas vitrines? Devo entrar e começar a trabalhar e agir como se já tivesse sido contratado?" Eu tinha muitas opções.

Lembre-se de que eu era um universitário; eu havia terminado o curso básico de dois anos na faculdade técnica local, e achei que haveria grande demanda por meus conhecimentos. O departamento de carreiras da faculdade até havia dito, "Se você se formar aqui, encontraremos um emprego para você". Agora, havia chegado a hora para cumprirem sua parte do acordo! Mas o problema é que fui tão mal em todas as áreas acadêmicas que não puderam me atender. Eles só disseram, "Você é um caso perdido. Boa sorte".

Assim, terminei meu giro por Waco sem ter ideia de onde ir e acabei no shopping, onde já tinha um emprego. Esse era o único lugar que conhecia para procurar! Fui até a porta principal para tentar encontrar um emprego novo e melhor, mas estava trancada, porque o shopping ainda nem estava aberto. Observação: você já foi o primeiro a chegar a um shopping? É uma sensação desanimadora.

Lá estava eu, sentado no estacionamento, e comecei a rezar (o que é interessante, pois isso foi antes de eu caminhar ao lado de Jesus, mas era tudo o que eu sabia fazer). Eu disse: "Senhor, por favor, poderia me ajudar a encontrar um emprego? Deus, por favor, ache um emprego para mim. Qualquer um." E quando o shopping finalmente abriu, entrei e comecei a andar pelo corredor. Surgiu uma mulher, aparentemente do nada, e me perguntou, "Ei, precisa de alguma coisa?" Acho que ela ficou impressionada por eu enfiar a camisa polo no cós da calça. Respondi, "Eu estou procurando um emprego". Por que não ser franco, certo?

Ela disse, "Gostaria de ser gerente na Abercrombie & Fitch?" Respondi, "Mas claro!" e ela replicou, "Onde?", "Que tal em Dallas?" sugeri. E ela, "OK, ótimo, vou lhe conseguir uma entrevista". Pensei, "É assim que as orações funcionam? Isso é surpreen-

GANÂNCIA & GENEROSIDADE

dente! Preciso fazer isso mais vezes". Foi difícil não me empolgar com a possibilidade de ser um gerente. Essas eram as pessoas a quem sempre me reportei. Agora eu poderia ser uma delas!

Fui a Dallas para minha grande entrevista no North Park Mall. Se você não conhece Dallas, o North Park é *o* shopping para visitar. Encontrei-me com o sujeito indicado e depois voltei ao meu carro achando que tinha me saído bem, mas a questão não dependia mais de mim. No trajeto de 90 minutos de volta a Waco, tive a impressão de que o resto de minha vida dependia dessa decisão. Pedi a todos os meus amigos para orarem por mim (pois, obviamente, acabara de aprender que orações funcionam). Eu estava de volta à casa dos pais do meu melhor amigo quando recebi uma ligação.

Eles disseram: "Sr. Pokluda? Gostaríamos de convidá-lo a se unir à nossa equipe como gerente assistente na North Park Abercrombie & Fitch." Fiquei extasiado. Foi difícil descrever a alegria que senti naquele momento. Eu disse, "Puxa. Essa é uma ótima notícia. Eu aceito!" Então, ela ficou ainda melhor (se você consegue imaginar isso). A pessoa do outro lado da linha disse, "E prepare-se para receber um salário de US\$23 mil por ano".

Quando desliguei o telefone, meu amigo correu para a sala e eu olhei para ele e disse, "Cara, consegui. Eu consegui!" E fizemos aquela sequência maluca de abraços e "toca aqui" que nunca havia feito com ninguém. Ficamos abraçados por muito tempo. Eu chorei. Eu funguei no pescoço dele. Quando nos separamos, ele fez a pergunta mais importante: "Quanto vão lhe pagar?" Eu respondi, "Você não vai acreditar... 23 mil". Acertei. Ele não acreditou e falou, "O que você vai fazer com todo esse dinheiro?" Nem respondi. Quem poderia gastar todo esse dinheiro?

Avancemos um pouco. Fiz as malas e me mudei para Dallas. Nesse momento, pensei que alguém provavelmente faria um filme sobre o garoto da cidade pequena que se mudou para a cidade grande para ser gerente assistente na Abercrombie. Comecei a trabalhar — e foi terrível. Saí quatro meses depois. Em seguida, consegui um emprego com base em comissões na 24 Hour Fitness, vendendo pacotes aos associados. Comecei a ganhar mais dinheiro do que teria ganhado na Abercrombie. Era exponencialmente melhor do que o emprego anterior. Assim começou a longa jornada da contínua procura por algo melhor. Não importa o que eu tivesse, queria mais. Nesse ponto, era como um jogo para mim.

Certo dia, entrou um cara bem-vestido na academia. Ele jogou as chaves de sua BMW em minha mesa e pagou à vista a assinatura mais cara que oferecíamos. Essa compra o tornava membro vitalício. Ele poderia ir a qualquer filial em qualquer momento. Fiquei intrigado, e perguntei: "O que você faz para viver?" Ele me contou que trabalhava com telecomunicações. Eu repliquei, "Que interessante, pois essa é uma área em que sempre quis trabalhar". Na verdade, eu não sabia o que era uma telecom, mas ele disse: "Ótimo! Ligue para esse cara."

Nos anos seguintes trabalhei com telecom. Eu tinha acabado de começar a escalar a escada corporativa. Passei de uma companhia a outra e terminei em uma empresa, a Fortune 15. Eu ganhava dez vezes o meu salário na Abercrombie, e mesmo isso não era suficiente. Essa incansável caça por dinheiro despertou algo em mim e me fez alimentar essa máquina constantemente. O que eu sentia era ganância, e não era bom; não havia quantia de dinheiro para a qual eu dissesse: "É o bastante."

Não sei se eu teria conseguido descer dessa esteira rolante caso Deus, em sua misericórdia, não me tivesse chamado para o ministério vocacional daquela maneira incontestável.

Nós Nos Importamos Muito com Dinheiro (e Jesus também)

Conto todos esses detalhes, mesmo sabendo que revelar quantias pode soar um pouco estranho, porque quando fala-

GANÂNCIA & GENEROSIDADE

mos sobre o vício da ganância, eu o vivi. Pensamos muito em dinheiro e acumular riqueza. Um estudo de 2021 realizado pela Capital One constatou que as finanças são a principal causa de estresse (73%) — mais do que a política (59%), o trabalho (49%) e a família (46%). Eles também descobriram que as gerações mais jovens são ainda mais estressadas do que as antigas, com a geração Z (82%) e os millenials (81%), dizendo que as finanças são, no mínimo, um tanto estressantes.[1]

Jesus falou sobre dinheiro mais do que sobre qualquer outro tema (exceto o reino de Deus), e o fez por amor a nós. Muitas vezes, ele disse, "Ei, *isso* poderá impedi-los de entrar no reino de Deus. Isso não os deixará perceber sua necessidade de um Salvador. Vocês pensarão que têm conforto e segurança na vida e tentarão criar um lar aqui. Vocês não ansiarão por outro reino".

Jesus ensinou cerca de quarenta parábolas, e onze eram sobre a riqueza. Isso significa que mais de 25% das histórias contadas por Jesus giravam em torno do nosso amor pelo dinheiro. É possível que a maioria dos que estão lendo isto agora se identifique com elas e não está ouvindo Seu aviso. Há dias que eu também não o faço. Simplesmente não pensamos nisso o suficiente. É como se não confiássemos ou acreditássemos n'Ele e precisássemos aprender a lição por conta própria.

Tomamos um café por US$4 todos os dias e não pensamos a respeito. Apenas passamos o cartão, temos um cartão-presente, ganhamos os pontos... é o que fazemos, certo? Fazemos as unhas por US$50. Arrumamos os cabelos por US$100, US$30, US$20 — qualquer que seja o preço. Alguns deixam US$200 em uma loja de departamentos ou em uma compra online sem mesmo pensar nisso. Certo? É como o ar que respiramos.

Veja o paradoxo: por um lado, você acha que nunca pensa em dinheiro, mas, por outro, o dinheiro o consome de tal forma que não há um dia sequer que não lide com ele. Está no ar que respiramos aqui nos Estados Unidos. Isso nos deixa um mistério que precisamos solucionar. Por que queremos tanto algo que Jesus nos advertiu firmemente para não desejar? Por que a generosidade é algo tão difícil para nós? Por que é mais fácil dar US$1 quando temos apenas US$10 do que dar US$1 milhão quando temos US$10 milhões? Porque o dinheiro tem peso ou massa, e a massa está sujeita à gravidade. Ele nos puxa para fora do rumo. E lutar contra a corrente pela qual estamos sendo puxados é *difícil*.

Dinheiro, como a maioria das coisas da vida, pode ser usado para feitos incrivelmente bons ou ruins. Tudo se resume à atitude de seu coração. Na primeira carta de Paulo a Timóteo, ele diz: "Pois o amor ao dinheiro é raiz de todos os males. Algumas pessoas, por cobiçarem o dinheiro, desviaram-se da fé e se atormentaram a si mesmas com muitos sofrimentos" (1Timóteo 6:10). Não é o dinheiro em si que é maligno, é o *amor* pelo dinheiro. Tudo depende da condição de seu coração. Paulo até adverte que algumas pessoas amam tanto o dinheiro que isso as fez se afastarem da fé!

Ser ganâncioso e procurar o materialismo não é um fenômeno recente. O evangelho repetidamente alerta sobre o desejo de querer sempre mais. E ninguém aprendeu essa lição como o rei Salomão.

A Maldição da Riqueza

O mundo tem visto pessoas incrivelmente ricas em toda a história. Se você fizer uma busca rápida no Google, verá uma lista repleta de nomes conhecidos (e alguns desconhecidos). John D. Rockefeller valia US$663,4 bilhões (em valores atuais), e esteve no topo da lista da era moderna. Mas isso foi uma fração do patrimônio líquido do rei Salomão. Ele, filho do rei Davi, tinha mais riquezas do que poderia usar. E não era só o fato de estar sentado sobre uma enorme pilha de dinheiro, Salomão era dono de uma sabedoria infinita. Ele tinha centenas de esposas e

GANÂNCIA & GENEROSIDADE

concubinas à sua disposição. Ele tinha vários pedaços de terra e todos os bens materiais que se pode imaginar. Estimativas mostram que seu patrimônio líquido equivalia a US$2,1 trilhões. Nunca ninguém se aproximou dele nesse sentido.

No livro de Eclesiastes, damos uma olhada no que essencialmente são as páginas do diário de um homem rico relatando as armadilhas da riqueza. Quando Salomão fala sobre a futilidade da riqueza, ele tem toda a autoridade e a credibilidade para fazê-lo. Só de ler algumas de suas palavras, sentimos que ele está deprimido. Ao escrever em seus últimos dias, ele advertiu e pediu que não cometêssemos os mesmos erros. Diversas vezes, Salomão se refere à vida "debaixo do sol" — ou seja, o "aqui e agora" da vida na terra. Ele faz uma crítica severa sobre a(s) maldição(ões) da riqueza em Eclesiastes 5:10–17, dizendo:

> Quem ama o dinheiro jamais terá o suficiente; quem ama as riquezas jamais ficará satisfeito com os seus rendimentos. Isso também não faz sentido.

> Quando aumentam os bens, também aumentam os que os consomem. E que benefício trazem os bens a quem os possui, senão dar um pouco de alegria aos seus olhos?

> O sono do trabalhador é ameno, quer coma pouco, quer coma muito, mas a fartura de um homem rico não lhe dá tranquilidade para dormir.

> Há um mal terrível que vi debaixo do sol: riquezas acumuladas para infelicidade do seu possuidor. Se as riquezas se perdem num mau negócio, nada ficará para o filho que lhe nascer. O homem sai nu do ventre de sua mãe, e como vem, assim vai. De todo o trabalho em que se esforçou, nada levará consigo.

> Há também outro mal terrível: como o homem vem, assim ele vai, e o que obtém, de todo o seu esforço em busca do vento? Passa toda a sua vida nas trevas, com grande frustração, doença e amargura.

Salomão mostra pontos importantes nesta passagem bíblica. O que ele nos conta no versículo 10 é algo que vemos diariamente: quando amamos o dinheiro, o "suficiente" não existe. Como muitos outros desejos, quando alimentamos um desejo pela riqueza, ele aumenta. Se eu alimentar a luxúria, ela ficará maior e mais forte. Se eu alimentar a ira, só ficarei mais irado. É a mesma coisa com a ganância. Você se lembra como um salário anual de US$23 mil era suficiente para mim? Eu tinha tudo que precisava com cerca de US$2 mil por mês, então, de algum modo, US$20 mil por mês não me parecia o bastante. Eu precisava de mais. Eu tinha que alimentar a máquina. Buscar a riqueza nos rouba a satisfação.

No versículo 11, também vemos que procurar a riqueza abala nossos relacionamentos. Os ricos podem estar cercados por amigos, mas como saber se essas amizades são verdadeiras? Lembro-me do ex-pugilista profissional Floyd "Money" Mayweather. Ele tinha um séquito. Ele ia a uma loja, comprava o estoque e dava tudo ao seu séquito. Certa vez, entrou em uma concessionária de automóveis e gastou mais de US$1 milhão em carros só para presentear os amigos.[2] E ele deve pensar, deitado na cama à noite, "Eles são mesmo meus amigos? Gostam de mim por quem sou ou gostam da minha casa do lago? Eles gostam de mim? Eles me amam por quem sou ou pelo que posso fazer por eles?" A riqueza complica os relacionamentos.

No versículo 12, Salomão nos diz que a riqueza pode ser uma maldição para o sono. Você pode ter todo o dinheiro do mundo e não conseguir repousar a mente. Você se verá deitado na cama à noite, incapaz de conciliar o sono, porque seus pensamentos sobre o dinheiro o mantêm desperto. Todas as preocupações, que não existiam quando tinha menos dinheiro, consomem as suas noites. Agora que tem muito, você se pergunta, "É segurado pela FDIC?* E se a bolsa quebrar? Qual é o preço do barril de petróleo? Devemos investir em imóveis? Por que não fizemos isso

---

* Federal Deposit Insurance Corporation é uma agência federal dos Estados Unidos da América cuja principal função é a de garantia de depósitos bancários. [N. da T.]

GANÂNCIA & GENEROSIDADE

antes? Deveríamos ter comprado aquilo quando o preço estava mais baixo". Ou, talvez, seja só coisa de minha cabeça.

Claro, você pode comprar Zolpiden e ficar tranquilo. Pode tomá-lo todas as noites, sem perceber que sete anos se passaram e você ficou totalmente dependente do remédio. Talvez para você, dois copos de vinho ajudem. Você agora é uma máquina; você precisa de algo para acordar, e de algo para dormir. Mas você não tem descanso. Você foi amaldiçoado pela riqueza.

Depois, nos versículos 13—14, Salomão diz, "O que vem fácil, vai fácil". Você pode apostar tudo no preto e perder. Certo? É tudo um jogo. A bolsa quebra, aviões atingem edifícios, pandemias ocorrem, guerras são travadas... Quem sabe o que acontecerá? Então, nos versículos 15—16, Salomão diz que a riqueza pode até ser uma maldição na morte. Por quê? Porque você não pode levá-la consigo, e tudo que deixar para trás pode se tornar objeto de guerra. Vi isso ocorrer repetidas vezes. Quando dinheiro está envolvido, laços de família rapidamente ficam tensos. Vocês eram parte de uma família, mas agora que há dinheiro para ser recebido, seus irmãos são seus concorrentes financeiros. As intrigas começam, e as brigas se instalam. (Você já viu esse filme.) As coisas ficam estranhas — e depressa.

Então, no versículo 17, a palavra "doença" pode ser traduzida como doença mental. Salomão nos adverte de que a riqueza pode literalmente ser um malefício à sua sanidade, à sua capacidade de pensar com clareza. É realmente simples: se você não encontra satisfação, questiona seus relacionamentos, não dorme e a vida se complica, pode perder a cabeça. Você se vê em uma situação em que anseia por tempos mais simples.

Perguntarei de novo: por que queremos tanto algo que Jesus nos advertiu firmemente para não desejar? Certamente você é como eu, e passou pelo outdoor que anuncia qual é o prêmio da loteria atual. Eu vi que pagarão US$340 milhões nesta semana e pensei, "OK, vou comprar só um bilhete; o que tem, não é mesmo? Eu poderia fazer muitas coisas boas no mundo com esse dinheiro.

Tomara que eu não dê de cara com ninguém da igreja ali". Talvez você apenas compre uma raspadinha, só por diversão. Pega uma moeda, raspa, e vamos ver. Você pensa: "E se? E se eu ganhar?"

Gostamos de pensar que doaremos tudo e seremos o próximo grande filantropo dos Estados Unidos. A *vida seria tão mais simples se ganhássemos na loteria*. Mas sabemos que isso não é verdade. O *Insider* acompanhou 14 ganhadores de loteria; aqui estão quatro breves histórias:

- Willie ganhou US$3,1 milhões, mas perdeu a esposa e os filhos, foi acusado de tentativa de homicídio e hoje é viciado em crack.
- Michael ganhou US$15 milhões e gastou tudo em cocaína, prostitutas e festas. Atualmente, está tentando recuperar o emprego de gestão de resíduos sólidos.
- Billy Bob era pastor. Ele ganhou US$31 milhões. Comprou muitas coisas, doou uma grande parte, mas seu casamento acabou e ele cometeu suicídio.
- William ganhou US$16 milhões, foi processado pela ex-namorada, e seu irmão contratou um assassino para matá-lo. Depois de um ano, estava com dívidas no valor de US$1 milhão e hoje vive às custas de cupons de desconto no valor de US$450 por mês.[3]

E pensamos, "Eu não! Isso não aconteceria comigo. Comigo seria diferente". Contudo, vemos repetidas vezes que a riqueza afeta nossa saúde mental.

Você É o Consultor Financeiro de Deus

Quero que você saiba que Deus nos convidou para desempenharmos o papel de seu consultor financeiro. Ele tomou todo o seu dinheiro, o gado em mil montanhas que lhe pertence e distribuiu diferentes quantidades para cada um de nós. É como

GANÂNCIA & GENEROSIDADE

se Deus nos dissesse, "Eu estou lhe dando isto para que você lhe dê o destino que desejo, portanto se certifique de me consultar antes de aceitá-lo" — e então vamos e gastamos tudo conosco. A verdadeira sabedoria nos atinge quando sabemos o que Deus deseja que façamos com o dinheiro. Você não vai saber se não passar tempo com Ele.

Parece que estou afirmando o óbvio, mas mesmo enquanto estiverem lendo estas palavras, alguns discutirão comigo em pensamento. Vocês dirão, "Não, não; eu ganhei este dinheiro. Trabalhei muitas horas. Foi meu trabalho. Foi muito duro". Mas quem lhe deu a capacidade de trabalhar? "Foi meu estudo. Tirei nota máxima." Mas quem lhe deu a capacidade de pensar dessa forma e escolher essa faculdade? "Foi o lugar em que me encontrava." Mas quem fez com que você nascesse ali, quando poderia ter nascido em uma área rural onde nem ao menos passava um automóvel? Deus, que controla todas as coisas, fez com que fosse criado naquele local. Ele lhe deu relacionamentos e oportunidades para *Ele*. Tudo de bom que você tem veio do Pai da luz celestial, que oferece boas dádivas aos seus filhos. Diversas vezes em todo o Novo Testamento, você é lembrado que todas as coisas boas vêm de Deus; Ele as confiou a nós.

Como podemos aprender essa lição e esquecê-la tão depressa? Devemos orar por cada decisão que tomamos. *Espere, quais delas?* Todas. Quando você está em um restaurante e vai decidir o que pedir, reze. Diga: "Deus, você quer que eu coma carne hoje?" Consulte seu pequeno grupo ou sua comunidade quando tomar decisões que envolvam quantias significativas (e a maioria das decisões envolve dinheiro). Sei que isso parece um contrassenso. Os norte-americanos não gostam de restrições. Queremos fazer tudo o que queremos na hora em que nos agradar. Mas isso cria um problema. Quando começamos a fazer coisas, logo estaremos em uma situação em que não conseguiremos parar de fazê-las. Você alimentou a ganância, e ela o consumiu, e agora está no alto da escada — mas sozinho. Não há ninguém com quem compartilhá-la, e você está igual a Salomão.

49

POR QUE FAÇO O QUE NÃO QUERO FAZER?

Adoro viajar, mais do que a maioria das pessoas. Quando ia a um hotel, ligava o ar-condicionado e deixava as luzes acesas. Eu achava que não era da minha conta e ia mesmo pagar a diária. Depois fiz um curso de visão do mundo segundo a Bíblia que ensinou que tudo pertence a Deus. Agora, se acredito que tudo seja d'Ele, então, quando saio do quarto do hotel, ajusto o ar-condicionado a uma temperatura razoável e apago todas as luzes. O que você faz com o recurso dos outros mostra no que você *realmente* acredita. Por exemplo, você recebe uma ajuda de custo da empresa e decide gastá-la de um modo um pouco diferente do que se o dinheiro fosse seu. Você pensa: "Qual o problema? Tenho US$100 por dia para gastar." Mas se você pensar: "Como posso administrar bem todos os recursos?", essa é uma atitude diferente. Se acreditamos que todos os recursos são de Deus, nossos valores mudam e muda também o modo como os gastamos.

Você não é um recipiente para Deus guardar dinheiro; você é o veículo para levá-lo aonde ele deve ir. Você não é um balde onde Deus coloca as moedas d'Ele; você é um canal para conduzir seus recursos para onde Ele quer que cheguem.

A Bênção da Riqueza

Quando tratamos a riqueza financeira e material com a atitude correta, vemos que ela pode ser uma bênção — mas não apenas para nós. Claro, ela nos ajudará a atender às nossas necessidades e nos permitirá desfrutar a vida. Essa é a oferta de Deus para nós. Mas a riqueza realmente se torna uma bênção quando usamos os recursos que Deus nos confiou como meio de abençoar os que nos cercam. Salomão também fala disso em Eclesiastes 5:18—20, dizendo no final do capítulo:

> *Assim, descobri que, para o homem, o melhor e o que mais vale a pena é comer, beber e desfrutar o resultado de todo*

GANÂNCIA & GENEROSIDADE

o esforço que se faz debaixo do sol durante os poucos dias de vida que Deus lhe dá, pois essa é a sua recompensa. E, quando Deus concede riquezas e bens a alguém e o capacita a desfrutá-los, a aceitar a sua sorte e a ser feliz em seu trabalho, isso é um presente de Deus. Raramente essa pessoa fica pensando na brevidade de sua vida, porque Deus o mantém ocupado com a alegria do coração.

Não podemos ignorar o que Salomão diz aqui: trabalhe duro, ganhe um bom salário, use-o e encontre satisfação naquilo que ele lhe permite fazer. Entenda a recompensa que lhe foi confiada. Não se preocupe com a recompensa de outro — não cobice o que ele tem. Apenas viva com o que lhe cabe, floresça onde foi plantado e permaneça em seu caminho.

Esta é uma linda imagem de contentamento. Lembre-se: o dinheiro não é ruim por si só. Na verdade, o dinheiro pode fazer muito bem, mas também pode tirá-lo do rumo facilmente, de modo que, quanto mais você tem, mais responsabilidade quererá ter e de mais transparência irá precisar. Você também terá que se apegar mais ao Evangelho. O inimigo usará o que você percebe como uma bênção, como uma maldição em sua vida para tentar tirá-lo de um bom relacionamento com Deus, distraindo-o com coisas deste mundo.

É ótimo usufruir de coisas materiais, mas não as torne fundamentais. Não será bom para você adorar os falsos deuses deste mundo. Esta passagem diz, "Deus mantém as pessoas felizes, não a sua riqueza". Isso é essencial para entender este texto, o contentamento pelo qual ansiamos vem de Deus. A capacidade de apreciar a riqueza é uma bênção de Deus. É bom apreciar coisas boas. Jesus apreciou coisas boas — sempre comunitariamente. Nunca se viu Jesus mantendo as coisas para si ou guardando-as em algum lugar como se estivesse em um episódio de *Acumuladores Compulsivos*. Ele sempre compartilhou e convidou os outros porque no centro de seu caráter estava a generosidade. Sempre dividindo, sempre dando. Se Ele estivesse em uma refeição, ela era comunitária. Usufruir de algo é utilizá-lo. Você não usufrui de nada que está guardado.

POR QUE FAÇO O QUE NÃO QUERO FAZER?

Todos os anos, gosto de cultivar a disciplina desistindo de algo durante um ano inteiro. Deixei de comer doces, tomar refrigerantes e café. Enquanto estou escrevendo este livro, desisti de comprar coisas para mim porque fico tentado a achar que preciso de mais. Por esse motivo, esse tópico é tão difícil para nós! A tentação virá quando você estiver navegando pela Amazon ou a sua loja preferida lhe envia um e-mail com um código promocional para um desconto de 20% e frete grátis. Nesse momento, você será tentado a pensar, "Eu preciso de mais". Ou você entra em uma loja e pensa, "Eu preciso de mais. Há uma coisa que preciso comprar que me fará feliz". Quero que diga isso em voz alta enquanto a ideia penetra em sua mente: "Eu não preciso disso. Eu não preciso disso." Isso mesmo... continue a falar. "Eu não preciso disso." Repita a frase quando se sentir tentado a desperdiçar os recursos de Deus.

Nós não aproveitamos algo em que acabamos de gastar dinheiro. Ele nos trará apenas um momento de prazer ou será um mecanismo de compensação quando estivermos sozinhos. Abriremos o pacote e pensaremos, "Ah, isso. Isso ficará bem dentro do armário".

O objetivo é que nós, como cristãos, sejamos as pessoas mais generosas já vistas no mundo. Mas chegar lá exige prática. Achamos fácil ser generosos se fôssemos ricos. Mas tenho uma observação: nunca conheci uma pessoa rica e generosa que não tivesse sido generosa quando pobre. Pense na pessoa mais generosa que conhece. Ela sempre foi assim? Meu palpite é que ela provavelmente foi. Duvido que ela só tenha ligado o botão da generosidade depois de entrar para o clube dos seis dígitos.

Nossa mente é capaz dos pensamentos mais loucos, como: "E se eu doar tudo que tenho? O que acontecerá comigo então?" Vocês ouviram a história da pessoa que doou tudo e morreu de fome? Nem eu. Sejamos pessoas que usam o dinheiro de Deus para fazer o bem e compartilhar seus recursos. Estou falando de ver o que possui como sendo d'Ele e lhe perguntando, "O que quer que eu faça com isso? É seu".

GANÂNCIA & GENEROSIDADE

Eis meu desafio para você: faça uma lista de tudo o que Deus lhe confiou. Talvez seja dinheiro, mas também pode ser o seu casamento, a sua casa, os seus filhos, o seu papel de líder na empresa, o seu carro... faça uma lista completa. Fique com ela durante a semana seguinte e então dê-se uma nota de como se saiu como administrador dos recursos de Deus. Peça que Ele o ajude a usar tudo o que tem pelo bem de Seu reino. Seja um canal, não um recipiente.

TRÊS PERGUNTAS PARA FAZER A SI MESMO

1. Como você luta contra a ganância em sua vida?
2. Qual é a diferença entre canais e recipientes dos recursos de Deus? Com qual você se identifica mais hoje, e por quê?
3. Que passo você pode dar hoje para crescer em generosidade?

.4.
APATIA & DILIGÊNCIA

Quando me lembro de todos os meus aniversários, alguns são mais memoráveis que outros. Alguns meio que passaram em branco. Quando ele cai em uma quarta-feira, parece mais uma quarta-feira do que um aniversário (#bemvindoavidaadulta). Lembro-me de ter realmente aguardado meu trigésimo aniversário com ansiedade. Eu estava empolgado para iniciar uma nova década — essa seria a melhor de todas!

Então despertei em um mundo de dor. Parecia que a lateral do meu corpo tinha sido esfaqueada com uma lâmina enferrujada. Fui para o hospital e descobri que tinha pedra nos rins. Se isso era um tipo de previsão, de repente não gostei mais das perspectivas para os meus 30 anos.

Enquanto estava lá, passei por uma TC. Se você nunca fez uma tomografia computadorizada, é uma maneira de eles examinarem você por dentro, mas ela difere de um exame de raios-x. Eu não sei como funciona essa mágica, mas eles a fazem. Depois de terminado o exame, fui em outra sala pequena esperar o médico e discutir os resultados. Você tem bastante tempo para fazer um balanço de sua vida enquanto espera no hospital no dia do seu trigésimo aniversário! Pressupus que quando o médico chegasse, falaríamos de rins, bexigas e pedras — todas essas coisas divertidas. O médico entrou e disse, "Ei, vamos falar sobre a sua saúde". Pensei, *Claro – estou no lugar certo! Vamos falar sobre a minha saúde; especialmente sobre essas pedras nos rins. Elas doem. Você já as viu comparadas às dores do parto?*

Mas ele disse, "Você está acima do peso". Uau. Esse cara me chamou de gordo no meu aniversário? Pensei, *Bem, mas eu não xinguei você.* Eu precisava entender. Perguntei: "O que isso quer dizer? Não me sinto acima do peso. Por que você disse isso? E no meu aniversário?"

Então ele falou, "Bem, é mais na parte interna. Você tem um fígado gorduroso".

Senti como se ele estivesse me atacando. Um fígado gorduroso? Esse é um termo médico? É adequado? Você aprendeu isso na faculdade de medicina? Isso parece um insulto de uma criança da quarta série no recreio. "Você sabe que tem um fígado gorduroso... a sua mãe tem um fígado gorduroso..." Mas repliquei, "Verdade? É isso que está me dizendo? Eu tenho um fígado gorduroso".

"Isso, você é pré-diabético. Pode desenvolver diabetes."

Eu precisava de mais informações. "Pré-diabético? O que isso quer dizer?" Milhões de pensamentos passaram por minha cabeça. Eu me senti como se estivesse simplesmente sentado ali, e que a doença iria saltar sobre mim em algum momento. Eu estava andando em direção a ela. Não sabia quando, mas ela apareceria. E, nesse momento, tudo o que ele me dizia é que ela estava se aproximando. Estaria ele me dando um alerta, como se pudesse prever o futuro? Respondi: "Doutor, você está me dizendo que sou uma bomba-relógio e que estou prestes a ter diabetes?"

Ele disse, "Não exatamente. Você tem uma opção".

"Bem, se tenho uma opção, escolho não ter diabetes. Essa é minha opção, ponto final."

Ele esclareceu, "Não, nada disso. Se você mudar alguns de seus hábitos, provavelmente evitará a doença. Porém, se continuar a fazer o que está fazendo e levar a vida do mesmo jeito — se continuar a comer o que come e a não praticar exercícios como faz agora — então, sim, você terá diabetes. Isso vai acontecer. Mas se fizer algumas mudanças no seu comportamento, então há uma boa probabilidade de evitar esse resultado. Nesse ponto, você determinará o caminho a seguir".

A Encruzilhada na Estrada

Receber uma notícia dessas o coloca em uma encruzilhada. Você tem uma decisão a tomar agora. *Você* pode determinar o seu caminho. Não começo por ali, pois quero conversar com você sobre diabetes. Este capítulo não é sobre gula, é sobre apatia. Apatia é o que acontece quando você continua a fazer o que faz atualmente. Você está na encruzilhada da estrada. Você *será levado* na direção da apatia, assim como eu estava sendo levado na direção do diabetes. Você será engolido pela apatia se apenas continuar com os hábitos que adota atualmente. Mas se hoje você decidir fazer algumas mudanças em suas atitudes, poderá mudar o resultado. Esta é a realidade que vivemos agora, enquanto a apatia lentamente desintegra a fé dos crentes norte-americanos, um dia pós o outro. Na verdade, um estudo de 2022 realizado pela Lifeway Research revelou que 3/4 dos pastores acreditam que a apatia é o principal desafio na dinâmica que as pessoas enfrentam em suas igrejas.[1]

Alguns dias depois de minha viagem de aniversário ao hospital, voltei para o sul dos Texas para ver meus pais porque meu tio-avô tinha falecido. Durante a visita, perguntei à minha mãe, "Como ele morreu? Qual foi a causa da morte?" Ela disse, "Ah, ele tinha diabetes". "O quê?", fiquei espantado. "Puxa, diabetes pode matar?" Ele morreu por causa dessa coisa que, evidentemente, estou prestes a desenvolver? *Teria sido útil receber essa informação do médico insultador.*

Minha mãe disse, "Sim, é perigoso. É grave".

Veja, eu acho que consideramos a apatia apenas aquela dificuldade fofinha e bonitinha. Pensamos, *"Ah, verdade, estou só um pouco apático. Esta temporada está realmente movimentada. Tem mil coisas acontecendo. Não estou me dedicando a ler a Palavra; está difícil para mim, agora. Minha comunidade tem que ficar em segundo plano. Meu pequeno grupo está complicado. Voltarei ao ritmo máximo em breve.* Não nos damos conta de que isso nos matará e destruirá a nossa fé. Assim como o diabetes, a apatia é perigosa e grave.

A apatia é o que o atingirá no final de sua vida e o fará olhar para trás e perceber: *Nada fiz de relevância permanente. Minha vida estava sem o poder de Deus. Não tenho nenhuma realização para mostrar. Nenhuma recompensa guardada na eternidade que eu possa apreciar com Jesus para todo o sempre.* Se esses são os pensamentos que passam por sua cabeça enquanto lê este capítulo, tenho ótimas novas: não precisa ser assim.

Um Lento Trajeto

D. A. Carson é um dos mais notáveis estudiosos do Novo Testamento da atualidade. Ele fez mais pelo aprendizado moderno do Novo Testamento do que qualquer outra pessoa pode afirmar. E ele diz o seguinte, sendo a citação perfeita para quando diagnosticamos o vício da apatia:

> *As pessoas não são levadas na direção da santidade. Salvo o esforço motivado pela graça, as pessoas não gravitam na direção da piedade, da oração, da obediência ao Evangelho, da fé e do regozijo no Senhor. Somos levados na direção do compromisso e o chamamos de tolerância; somos levados na direção da desobediência e a chamamos de liberdade; somos levados na direção da superstição e a chamamos de fé. Prezamos a indisciplina da perda do autocontrole e a chamamos de descontração; nós nos relaxamos em direção da ausência*

APATIA & DILIGÊNCIA

da oração e nos iludimos ao pensar que escapamos ao código religioso; deslizamos na direção da ausência de Deus e nos convencemos de que fomos liberados.[2]

Pense dessa forma: quando seu carro está fora de alinhamento, ele naturalmente puxa para um dos lados na pista. Se você soltar o volante durante muito tempo, acabará batendo. Sem o esforço em fazer a sua parte, acabará em um lugar em que não quer estar. Você será puxado para a apatia naturalmente. Você não será naturalmente levado a uma versão mais piedosa, disciplinada e santa de si. Isso não acontecerá. O que nos faz perguntar: Qual é o papel de Deus e qual é o seu papel? Somos salvos pela graça por meio da fé. É um ato de bondade e graça de Deus para nós. O Espírito Santo está nos santificando, o que também é uma obra de graça, mas não estamos isentos de responsabilidade.

Você tem um papel a desempenhar. Você tem que se disciplinar para a piedade.

Perto do final da vida, o apóstolo Paulo escreveu duas cartas para um homem mais jovem chamado Timóteo. Nessas cartas, ele tentou comunicar todas as coisas importantes que achava que Timóteo deveria saber para ser o mais eficiente ministro do Evangelho possível. Em sua primeira carta, Paulo disse:

> *Rejeite, porém, as fábulas profanas e tolas e exercite-se na piedade. O exercício físico é de pouco proveito; a piedade, porém, para tudo é proveitosa, porque tem promessa da vida presente e da futura. (1 Timóteo 4:7–8)*

Talvez a sua versão da Bíblia diga, "discipline-se para ser piedoso". Seja como for, Paulo está deixando este ponto claro: você tem um papel importante a desempenhar em seu crescimento espiritual; ele não ocorre sozinho, como mágica. Mais do que cuidar da alimentação, do trabalho ou de outras formas de atentar à sua saúde física, o mais importante que você pode fazer é treinar para ser piedoso. Disciplina significa que não podemos fazer só o que temos vontade e esperar crescer na piedade. Você terá que fazer coisas que não quer fazer. Coisas desconfortáveis. Coisas que exigem de você. Coisas que, às vezes, não parecem certas. Por exemplo, quando você lê a Bíblia e pensa, "Ah, isso não faz sentido. Não entendo nenhum desses nomes ou o que está acontecendo. É difícil", diz a apatia só para deixá-la de lado. A disciplina lhe diz para acordar no dia seguinte, tomar mais uma xícara de café, pegar o texto e mergulhar nele outra vez.

Entendendo a Apatia

Precisamos conversar sobre a apatia. Vamos começar entendendo a etimologia da palavra. Alguns de vocês poderão se sentir pouco à vontade, como se estivessem de volta às aulas de gramática da escola, mas fiquem firmes. Ela começa com um prefixo, a letra *A*, que significa "não/sem". *Pathy* vem de *pathos*, que significa "sofrimento" ou "paixão". Então a palavra *apathia*, em sua forma mais simples, significa "sem sofrimento". Queremos navegar pela vida e evitar dificuldades, obstáculos e adversidades a todo custo. Às vezes, eu me sinto como um experimento de IA: escolho o caminho de menor resistência a cada momento. Se é difícil compartilhar minha fé e mais fácil não o fazer, prefiro a segunda opção. Se é difícil ler a Bíblia e mais fácil não a ler, decido não fazê-lo. Se é difícil ser generoso, mas mais simples não sê-lo, escolho não sê-lo. Podemos navegar pela vida dessa forma. Isso ocorre porque estamos cercados por cristãos fracos — pessoas que vão à igreja semanalmente (ou a maioria das semanas, porque, às vezes, é mais fácil não ir). E é assim que chegamos a esse ponto.

A apatia, em qualquer parte de sua vida, costuma ser perigosa porque, onde quer que haja apatia, existe uma correspondente falta de disciplina ou diligência. Se você está apático quanto ao trabalho da escola, é provável que suas notas sejam afetadas. Se você é apático quanto às finanças, provavelmente se verá afundado em dívidas. Se você é apático quanto ao seu casamento, você e seu cônjuge serão levados para caminhos diferentes com o tempo.

Dois fatos são verdadeiros sobre a apatia espiritual: ela é muito mais comum e muito mais perigosa do que percebemos. Muitas vezes, o sofrimento molda nossas paixões. Conheci muitos homens e mulheres que voltaram da guerra, ou de algum tipo de destacamento no exterior, e anseiam voltar. Eles querem ficar com seu pelotão outra vez e sentir a sensação de fraternidade que tinham lá. Juntos, eles compartilharam experiências únicas de sofrimento. Pense no início da igreja. Isso foi o que fortaleceu os crentes no primeiro século. Não foram os confortos dos novos edifícios da igreja. Não foram os lasers, as luzes, as máquinas de fumaça, as cadeiras confortáveis ou o aquecimento e o ar-condicionado central. Foi o "Corra para salvar sua vida, porque as autoridades querem destruir o cristianismo". Foi o olhar para trás no fim do dia e constatar que *acabamos de perder mais um*. Foi assim que a palavra acabou chegando até você e o fez ler este livro hoje.

O Cristianismo & MMNs*

Há muitos tópicos tratados no livro de Hebreus, mas um em especial é a ideia de crescer em maturidade espiritual. Um fato interessante sobre Hebreus é que não sabemos exatamente quem escreveu a carta. Muitos estudiosos realmente inteligentes e religiosos discordam. Alguns acreditam que foi escrita por Apolo. Alguns acham que foi Paulo. Outros acham que foi outra pessoa. O que sabemos é que o Espírito Santo usou uma pessoa para comunicar essa mensagem, e é isso que importa, certo? E sabemos por que foi escrita e para quem. Ela foi escrita para os primeiros cristãos judeus que estavam tentados a voltar à tradição em que foram criados.

---

* MMN - Empresas de Marketing Multinível [N. da T.]

POR QUE FAÇO O QUE NÃO QUERO FAZER?

Isso é muito importante para nós no século XXI porque um dos fatores que nos contém é que começamos a comparar a igreja ou o cristianismo com o que vivenciamos em nossa criação. Frequentemente, não paramos para pensar que nossa criação pode ter sido falha. Partes dela podem ter sido uma desgraça total para Deus — antibíblicas, até. Não estou afirmando que devemos nos livrar de tudo; há partes dela que são boas. Todos nós temos esta combinação de partes boas e ruins. Devemos nos perguntar: Que parte de nossa criação se baseou na Bíblia, em Deus e é consistente com as Escrituras Sagradas? E que parte teve origem humana ou em tradições que simplesmente seguimos? Eram essas as dúvidas com que os recebedores originais da carta se debatiam.

Veja o que o autor de Hebreus diz no capítulo 5:

> *De fato, embora a esta altura já devessem ser mestres, vocês precisam de alguém que lhes ensine novamente os princípios elementares da palavra de Deus. Estão precisando de leite, e não de alimento sólido! Quem se alimenta de leite ainda é criança, e não tem experiência no ensino da justiça. Mas o alimento sólido é para os adultos, os quais, pelo exercício constante, tornaram-se aptos para discernir tanto o bem quanto o mal (Hebreus 5:12–14).*

Aqui temos uma descrição clara do que *deveria ser* a evolução de um cristão. Você chega à fé quando é salvo pela graça por meio da fé. Então você cresce como discípulo de Jesus. Uma característica de ser discípulo de Jesus é que você começa a ajudar os outros, que então ajudam outros, que por sua vez ajudam outros. Se ainda não viu isso, não vivenciou o cristianismo na sua totalidade. Não cometa erros nessa questão: este é o processo cristão. Qualquer coisa diferente é uma descaracterização do verdadeiro discipulado.

A melhor imagem com a qual comparar o que *deveria* se parecer com uma vida cristã são as empresas (ou redes) de marketing multinível. Preste atenção: essas empresas vendem produtos (quaisquer que sejam) dos quais você se beneficia primeiro. Você pensa: *Uau, eu comprei esse produto, e ele exerceu um enorme impacto em mim. Quero que outros também se beneficiem.* Então você dá seu testemunho para oferecer o produto a terceiros e, ao fazer isso, você se torna um especialista no produto e no assunto. Você nunca imaginou que seria um especialista em tratamento de cabelos ou produtos de limpeza, mas, de repente, você é, porque essa coisa mudou a sua vida! Esta é a melhor imagem que posso lhe dar do que deveria acontecer na igreja. Mas existe uma trágica realidade: ficamos imunes a isso. Estamos de tal maneira cercados pelo cristianismo que ele está no ar que respiramos e nossa vida realmente não mudou, de modo que não temos muito a compartilhar.

Se você olhar para a sua vida e a de seu vizinho ateu, é provável que elas sejam chocantemente parecidas. Vocês gostam das mesmas coisas. Vocês realizam as mesmas atividades e têm interesses (e, infelizmente, valores) semelhantes. A *única* diferença é que no domingo você arruma um pequeno espaço de tempo para Deus, vai a um edifício, entoa canções e lê aquele livro antigo e escuta alguém falar sobre Ele. Depois você continua a levar sua vida ateísta. E assim, quando você se senta ao lado de alguém e diz coisas como "Ei, Jesus mudou a minha vida", ele pensa: *Não, não mesmo. Não acho que mudou. Você se parece comigo.*

Precisamos entender o seguinte: isso não é cristianismo. Nossa vida foi mudada por Jesus. Crescemos em sua Palavra, falamos aos outros sobre Jesus e lhes ensinamos a sua Palavra. Em que ponto você está nesse processo, e há quanto tempo está lá? O autor de Hebreus está entusiasmado e convoca as pessoas. Elas estão presas aos ensinamentos elementares, mas nesse ponto deveriam estar ensinando aos outros sobre sua fé. Você já se sentiu preso em sua jornada espiritual?

Mudando a Sua Dieta

Como se combate o diabetes? Melhorando a dieta e a quantidade de exercícios. Como se combate a apatia e a complacência? Melhorando a dieta espiritual e a quantidade de exercícios. Pense em sua vida por um minuto. Você está se regalando com o quê? Como está exercitando a sua fé? O que está entrando em sua vida? O que está saindo de sua vida? Essas perguntas reveladoras lhe dirão muito se você está combatendo a apatia.

Lembre-se do que o autor diz nos versículos 12—13 de Hebreus: "Estão precisando de leite, e não de alimento sólido! Quem se alimenta de leite ainda é criança, e não tem experiência no ensino da justiça."

A ilustração aqui é a de uma criança que depende do leite e continua criança. Há uma correlação entre o que recebemos e como crescemos, e o autor ressalta esse ponto. Com que nos regalamos determina como crescemos, e em que nos transformamos. Sabemos que isso é verdade no que se refere à nossa vida física. Por que ignoramos esse fato quando se trata de nossa vida espiritual? Combatemos a apatia com uma dieta consistente da Palavra de Deus.

Sei que há muitas opiniões controversas sobre a amamentação. (Sim, falaremos disso; caso se sinta desconfortável, responsabilize o autor de Hebreus.) Uma das discussões habituais que tenho visto é, "O seu filho já está crescido. Por quanto tempo você continuará a fazer isso?" Isso aparece em todos os tipos de mídia. Por exemplo, em 2012, a revista *TIME* publicou uma polêmica capa que mostrava uma mulher amamentando o filho de 3 anos parado ao lado dela. Muitas pessoas a acharam chocante, e ela provocou muito debate.

Seja qual for a sua opinião sobre essa capa, acho que há algo com que todos concordamos: há uma idade em que todos diríamos, "Ah, sim, ele está velho demais". Uma garota de 22 anos se aproximando... *Ei, Ei! Ei! Por que decidiu falar disso, JP?* Porque o

APATIA & DILIGÊNCIA

autor de Hebreus falou. Esses versículos sobre o leite não estão falando da Fairlife ou da Borden**. De fato, eles estão diante de você e são controversos. Esse foi o motivo pelo qual os escolhi.

Todos concordamos que uma pessoa de 22 anos sendo amamentada é estranho (no mínimo), certo? Então pense em alguém que está na fé durante 22 anos e ainda se alimenta de uma dieta consistente de um superficial devocional matinal. Veja bem, não sou contra devocionais matinais; eles são ferramentas muito úteis. Estou dizendo que, se a sua dieta da Bíblia é apenas um versículo aqui ou ali, você está espiritualmente desnutrido. Este livro tem muitos trechos das Escrituras, mas ele deve ser um suplemento de sua leitura da Bíblia, não um substituto. Se você está escolhendo entre lê-lo e ler a Bíblia, dez entre dez vezes eu lhe direi para deixar o livro de lado, abrir a Bíblia, ler um capítulo ou versículo e meditar sobre ele. Registre seus pensamentos à medida que reflete. Escolha um comentário confiável e leia-o várias vezes. Você pensa: *É, mas é muito difícil, e não entendo nada.* Essa é a questão. É na dificuldade, no sofrimento, que você se torna um discípulo.

Isso tem sido difícil para mim. Sou um aluno de auditório. Adoro ouvir e adoro aprender por meio de conversas e debates com pessoas inteligentes. Sentar, abrir um livro, lê-lo e assimilá-lo sempre foi desafiador. Sou um dos poucos pastores que você conhece que lhe dirá que, às vezes, ler a Bíblia é uma tarefa árdua. Mas só porque é difícil não significa que não devo fazê-la. É aqui que acho que minha geração e meus amigos mais jovens erram; quando algo se torna difícil, desistimos porque comparamos a dificuldade com fazer a coisa errada. O fato de ser difícil não significa que está errada.

** Fábricas de laticínios. [N. da T.]

Exercitando a Sua Fé

Outra forma de crescer na sua fé é exercitando-a — realmente vivenciar o que diz acreditar. No mesmo capítulo de Hebreus, versículo 14, o autor diz, "Mas o alimento sólido é para os adultos, os quais, pelo *exercício constante*, tornaram-se aptos para discernir tanto o bem quanto o mal" (ênfase adicionada). Pense no amigo mais espiritualmente maduro que você tem. Ele vive com generosidade, partilha sua fé com constância e consistência e não espalha boatos sobre ninguém. Ele só profere palavras de estímulo. Ama seu semelhante e conhece a Bíblia. Sempre que lhe fizer uma pergunta, ele conhece um versículo relevante. Esse tipo de pessoa se *exercitou* — diligente e consistentemente — para discernir tanto o bem quanto o mal. Elas não foram levadas para lá; nenhuma delas é. Elas se exercitaram para a piedade.

Quando você muda sua dieta e passa a se regalar com a Palavra de Deus, crescerá na sabedoria como um subproduto natural de assimilar mais as Escrituras. Você saberá o que fazer em cada situação. O Salmo 119:11 diz, "Guardei no coração a tua palavra para não pecar contra ti".

A promessa da Bíblia é que, ao guardarmos a Palavra de Deus em nosso coração, fica mais fácil vencer o pecado. Alguns de vocês que estão lendo, pensarão, "*Cara, ___ está acabando comigo. Simplesmente, não consigo impedir.* Talvez seja pornografia, álcool, fofocas, nicotina, jogo... preencha o espaço com o pecado contra o qual está lutando. Você quer combater esse pecado para sempre? Comece a se regalar com a Palavra de Deus. Escreva-a em seu coração. Isso é diferente de um adesivo ou uma goma de mascar. Mas funciona.

Quero esclarecer um ponto: você *não* pode trabalhar para a sua salvação. A sua salvação vai até você a partir de Deus por meio de Seu Filho, Jesus Cristo. Ele morreu por nossos pecados. Deus o ressuscitou dos mortos. Ele pagou o preço por você. Você é justificado pela fé e tornado virtuoso pelo trabalho de Deus. Você não consegue conquistar sua salvação. Mas você pode tra-

APATIA & DILIGÊNCIA

balhar *a partir* da sua salvação para fazer depósitos em sua conta-poupança eterna. A Bíblia nos diz que podemos literalmente guardar tesouros nos céus por meio do bem feito na terra. Você pode trabalhar *por* recompensas eternas para não entrar no céu, sujo e de mãos vazias, sem nada para mostrar pelas décadas em que foi um cristão, dizendo: "Deus, estou aqui para usufruir a eternidade. Sinto não ter feito nenhum bom trabalho na terra em Seu Nome." Para aproveitar melhor a eternidade, temos que aproveitar melhor nossas oportunidades aqui na terra.

O perigo de coabitar com a apatia é que, se você não começar a crescer em sua fé, uma entre duas coisas acontecerão no fim de sua vida. Você pode ir para o inferno. Você acorda, eternamente separado de Deus, dando-se conta de que estava jogando um jogo e que nunca realmente teve um relacionamento com Ele. Ou você olha para trás e percebe que Deus, em Sua graça e misericórdia, o salvou, mas você não soube usar essa salvação. Você a desperdiçou. Você não tem nada para mostrar. Você adotou uma versão falsa do cristianismo.

Treinando com Diligência

Ao longo de meus anos de ministério vocacional, percebi muitos padrões recorrentes. Uma imensa parte do ministério é, simplesmente, reconhecimento de padrões — uma habilidade que todos aprendemos no ensino fundamental. Veja o que acredito ser verdadeiro: se eu pedir a um público de 100 cristãos para ir para o lado esquerdo de uma sala se eles acharem que estão crescendo em seu relacionamento com Jesus nesse momento, ou ir para o lado direito se sentirem que não estão crescendo, e então perguntar ao grupo da direita como é sua vida de orações, quantos dias por semana eles passam com a Palavra de Deus, como é a comunidade deles, se estão confessando os pecados e se estão usando seus dons espirituais, meu palpite é que eles não estão fazendo nenhuma dessas coisas. Talvez alguns o façam, mas desconfio que a maioria não o faz.

Se eu inquirisse o lado esquerdo da sala, aqueles que estão crescendo em sua fé, eu veria o oposto. Eu veria homens e mulheres para quem orar é algo importante. Eles teriam um momento, um lugar e um plano para ler a Palavra de Deus. Eles seriam moldados pelos outros crentes em suas vidas e estariam servindo em suas igrejas. Não estou dizendo que se pode simplesmente abrir caminho para uma fé mais consistente, mas quando você se dedica às disciplinas da piedade, a sua fé crescerá como uma consequência dela.

Esta é a realidade da vida: tempestades virão. Dificuldades virão. Sofrimentos virão. E se você tiver o problema preexistente da apatia, você não sobreviverá. Vejo isso o tempo todo, principalmente com amigos mais jovens, exatamente agora, porque *desconstrução* realmente é a palavra da moda. Ela parece sinônimo de dúvida e raiva em relação às instituições religiosas. Muitos estão desconstruindo sua fé porque chegaram a um ponto tempestuoso e descobriram que sua fé foi construída sobre uma base instável. Quando enfrentaram os verdadeiros desafios da vida, as paredes ruíram. Para alguns, a casa inteira foi derrubada e quando chega a hora de reconstruir, eles não sabem por onde começar.

Em Waco existe uma dupla conhecida por reformar casas. Antes de começar a "reforma", eles têm que demolir o que está lá. Quando é dia de demolição, eles derrubam paredes, arrancam armários e luminárias, e até mudam a planta da casa. Para muitas pessoas, quando se trata de fé e desconstrução, elas ficam presas no dia da demolição. Demolir é a parte fácil, mas elas não têm a diligência de reconstruir. Reconstruir é trabalhoso. Contudo, com diligência, você tem a oportunidade de construir algo mais sólido. Se você crescer, se escolher sofrer agora, se você se disciplinar para a piedade, a sua fundação será forte. Quando vierem as tempestades, você as suportará. A sua fé será construída como algo que permanecerá firme em todos os grandes desafios da vida.

APATIA & DILIGÊNCIA

TRÊS PERGUNTAS PARA FAZER A SI MESMO

1. Como você luta contra a apatia em sua vida?
2. Quem é a pessoa mais espiritualmente diligente que conhece? Para você, o que se sobressai na vida dela? Existe algo que você possa imitar?
3. Que passo você pode dar hoje para crescer em diligência?

. 5 .
LUXÚRIA & AUTOCONTROLE

Quando eu era solteiro e morava em Dallas (antes de me tornar um cristão), meus amigos e eu tínhamos uma rotina semanal bastante comum. Todos os fins de semana (ou seja, quinta e sexta-feira e sábado à noite) íamos nos divertir nos clubes noturnos (em um deles, em especial) muito perto de onde morávamos. Nós nos encontrávamos no apartamento de um de nós e começávamos com algumas doses de tequila. Depois, tomávamos algumas cervejas. Quando chegávamos ao clube, passávamos aos drinques. Àquela hora, eu precisava estar muito bêbado para dançar bem (ou, pelo menos, o que dava a impressão de estar dançando bem). É difícil dizer até que ponto a minha dança era boa.

Ainda hoje eu me lembro de uma noite no clube em especial. Eu estava na pista dançando quando meu olhar se cruzou com o de uma loira bonita do outro lado. Começamos a dançar um com o outro e, à medida que a noite passava, o espaço entre nós ficava menor. Em certo momento, ela sussurrou em meu ouvido, "Venha para a minha casa comigo". Nesse período da minha vida, isso era tudo o que eu queria. O cenário era perfeito. As luzes estavam reduzidas, o DJ estava arrasando, as bebidas corriam. A noite passava de acordo com o plano. Por volta das 2 horas, o DJ tocou *Closing Time* [Hora de Fechar] (#classico), e então as luzes foram acesas — literalmente.

De repente, pude ver tudo. Havia guardanapos em todo o chão. Por algum motivo, o cheiro de sujo do bar ficou cada vez mais acentuado. Todas as estudantes sexy pareciam zumbis incoerentes, cobertas de suor e bebidas que tinham derramado em si mesmas naquela noite. E a loira com quem eu estava dançando a noite toda? Ela agora parecia desesperada e carente. Não me entenda mal — ela era linda. Mas havia um vazio em seu olhar que eu não tinha notado antes. Ela continuou a me implorar para ir para a casa dela. Eu disse que achava melhor ir embora com meus amigos, que esperavam por mim.

Então, ela fez algo inesperado: ela abriu a bolsa e me ofereceu algumas centenas de dólares para acompanhá-la. Foi nesse momento que um segundo interruptor de luz foi ligado, mas na minha cabeça. O desespero dela me deixou deprimido. Aquilo não era mais divertido. Era apenas triste. Senti o peso daquele momento. Eu disse: "Preciso mesmo ir." Era a primeira vez que eu via as consequências dos desejos de luxúria atingirem alguém. Não era bonito e não parecia inofensivo. Embora eu não o percebesse na época, aquela mulher era a imagem de minha própria vida durante aquele período.

Entendendo a Luxúria

Quando falamos sobre luxúria, especialmente dentro da igreja, ela geralmente assume uma conotação sexual. O dicionário Merriam-Webster a define dessa forma: a luxúria é um apetite intenso, geralmente um desejo sexual intenso ou desenfreado.[1] Pode haver luxúria ou um apetite intenso por outra coisa que não o sexo? Claro, mas para o contexto deste capítulo falaremos sobre a luxúria em termos de desejo sexual.

LUXÚRIA & AUTOCONTROLE

Estudei millenials e a geração Z de perto nas últimas duas décadas e não consigo lembrar uma conversa que tive com mais frequência do que com alguém tentando descobrir como dominar a luxúria. Segundo a minha experiência, a luxúria se manifesta de algumas formas diferentes. Às vezes, essas formas seguem uma trajetória linear; outras vezes, não.

Em algumas pessoas, a luxúria se manifesta por meio de pensamentos e fantasias sexuais. Isso pode levar a atos sexuais fora do plano de casamento pretendido por Deus. Talvez seja com um namorado, com uma amizade colorida (o que nunca termina bem) ou ligações emocionais que começam com flertes e se tornam físicas. Outro meio é pela pornografia, cuja definição é bem mais ampla do que geralmente vem à mente. Pensamos nela apenas como o recanto mais explícito da internet, mas segundo a definição bíblica, pornografia é fantasiar ou pensar explicitamente em qualquer pessoa com quem você não está casado. E a pornografia leva à masturbação, que é o que acontece quando você está sozinho com aquelas imagens e pensamentos e não tem o autocontrole necessário para não cair em tentação. Isso se torna um ciclo aparentemente interminável do qual não se consegue escapar.

Embora eu pudesse escrever um livro (e muitos o fizeram) sobre cada uma dessas questões, falaremos delas apenas brevemente neste capítulo enquanto discutimos como dominar a luxúria. Porque, por mais impossível que lhe pareça hoje, com a ajuda do Espírito Santo e alguns passos práticos, você *pode* vivenciar a liberdade que vem com o autocontrole.

Os Seus Pensamentos

Cada uma de nossas ações, boa ou ruim, começa com um pensamento. Ralph Waldo Emerson, um poeta e ensaísta do século XIX, disse: "O precursor de cada ação é um pensamento!"[2] Não consigo pensar em nenhuma área da vida em que isso é mais verdadeiro do que na luxúria. Ninguém cede à tentação sexual, envolve-se em um caso ou entra em um site de pornografia no celular sem antes *pensar* no assunto. Quando os pensamentos entram na mente, realmente temos duas opções: podemos alimentá-los ou podemos aprisioná--los. Temos que aprender como mantê-los cativos, prendê-los e destruí-los, do contrário, eles nos levarão para algum lugar perverso e prejudicial.

É errado pensar naquela pessoa por quem se está apaixonado? Bem, depende. Se você está pensando que ela tem um lindo sorriso e que adoraria levá-la para tomar um café, então, não. Se está imaginando como seria dormir com ela, então, sim. Quando temos esses pensamentos pouco saudáveis, eles só ficarão mais profundos e difíceis de apagar. Fazer isso torna a nossa vida muito mais difícil.

Meu amigo Jefferson Bethke disse que namorar sem a intenção de casar com a pessoa é como ir às compras sem dinheiro. Ou você sairá frustrado, ou tomará algo que não lhe pertence. O mesmo ocorre com pensamentos lascivos que permitimos que fiquem em nossa mente. Depois de algum tempo, você os transformará em ações e isso o levará a um lugar prejudicial.

Em 2Coríntios 10:5, Paulo ensina: "Levamos cativo todo pensamento, para torná-lo obediente a Cristo." Esses pensamentos lascivos (os que o deixam maluco e dos quais imagina que nunca irá escapar) não precisam dominar a sua vida. Você não precisa remoê-los. Pratique aprisioná-los hoje. Acredite em mim: no começo, é difícil.

Se você nunca tentou praticar essa disciplina antes, talvez não se saia muito bem no início, mas as escrituras dizem que se você segue Jesus, com o Espírito Santo em seu interior, Ele o ajudará nesse esforço de aprisionar esses pensamentos lascivos, pecaminosos e destrutivos. Esta não é uma tarefa que se realiza uma vez, e pronto. É difícil e exige muito tempo e esforço. Tive muitas conversas com pessoas que dizem, "Não consigo fazer isso", e, na verdade, o que realmente estão dizendo, na maioria das vezes (embora haja exceções), é que foi difícil, e elas desistiram muito depressa.

Veja como começar: confesse o pecado em pensamento. Assim que considerar a opção do pecado, confesse-o. Peça orações em pensamento. Antes que o pensamento dê vida à ação, confesse-o a alguém de seu pequeno grupo. Este é um passo antes de "Ouça, eu olhei para algo que não deveria". Isto é "Ouça, eu estava dirigindo e realmente queria entrar naquele site ou procurar aquela hashtag. Eu queria lhe contar isso. Pode orar por mim?" Esta é a mensagem de texto no momento para os caras ou garotas em sua vida que fazem parte de sua comunidade, pedindo-lhes para orar pelos pensamentos que está tendo, pela força de não os colocar em prática e pelo compromisso de lhe perguntar sobre o assunto mais tarde.

Se você se habituar a confessar os pecados ao nível do pensamento, aprenderá a aprisioná-los. Você pode fazê-lo. Consistentemente, peça por orações, pois é uma batalha da mente.

Uma Pergunta Antiga

Às vezes, infelizmente, esses pensamentos lascivos geram ações. Quero lhe contar duas coisas: Deus criou o casamento e Deus criou o sexo. Você sabe como o inventor de um produto sabe tudo sobre ele? Bem, Deus inventou o sexo. Da mesma forma que Steve Jobs pensou no iPhone, Deus pensou no sexo. Isso não é ruim, não é sujo e foi ideia d'Ele. Mas Deus tem um plano específico em mente para o sexo: que ele aconteça no contexto do casamento. Qualquer coisa fora da concepção pretendida por Deus acabará por ser prejudicial para nós e não atenderá ao padrão que Deus estabeleceu para nós.

Há uma pergunta que me fazem diversas vezes, tanto nas mídias sociais quanto pessoalmente. Todos querem saber até onde

POR QUE FAÇO O QUE NÃO QUERO FAZER?

podem ir. Todos querem saber o que está dentro ou fora dos limites. "O que posso fazer e ainda sair impune?" Recebo milhares de perguntas por semana, e muitas são sobre esse tema. "Podemos fazer sexo oral?" "Tudo bem fazer *sexting*?"*

Até onde você pode ir sem pecar? Isso é o mesmo que perguntar "Até onde posso ir à beira de um edifício?" Respondo com uma pergunta: "Bem, você quer pular?" Quando você tem um relacionamento com alguém de quem gosta e por quem está atraído, a tentação é ir até o ponto em que pode pular — ir até o fim. Então, para a pessoa que diz: "Até onde posso ir à beirada?", minha melhor resposta é "Se você não quer pular, recomendo que nem entre no elevador". Caso isso se pareça demais com uma metáfora, usarei termos mais práticos: quando o seu corpo começa a se preparar para o sexo, você foi longe demais. Fui claro? Precisa que eu desenhe? Espero que não.

Deus planejou você (e seu corpo) de um jeito muito específico. O sexo é ideia d'Ele, e é brilhante. Ele criou o nosso corpo (masculino ou feminino) para funcionar de uma determinada maneira, e quando ele começa a se preparar para o sexo, você foi longe demais. E isso denota falta de amor, tanto para você quanto para a outra pessoa. É indelicado trocar carícias, fazer seu corpo disparar a 100 quilômetros por hora e então se afastar e dizer, "Preciso ir embora". Você não deve fazer isso com alguém de quem gosta. Certo? Case-se e pendure-se no lustre, nu; faça o que bem entender! Mas fora do casamento é sempre um gesto de desamor.

Observei alguns fatos sobre os millennials e a geração Z. Eles se casam mais tarde, casam-se com menos frequência, e seus casamentos não duram. Se você faz parte dessas duas gerações, é isso que acontece com esses grupos. O que você fará para mudar isso? As pessoas desvalorizam o casamento por causa dessa coisa

---

* A palavra sexting é a junção dos termos "sex", que em inglês significa sexo, e "texting", que é o ato de enviar mensagens de texto. Ou seja, enviar mensagens com conteúdo sexual pelo celular. [N. da T.]

(ou seja, o sexo) que Deus criou para o casamento. As pessoas dizem: "Não, vou fazer sexo sempre que eu quiser." Seja *sexting*, sexo oral, preliminares, transas de uma noite, qualquer coisa que aconteça fora do plano original de Deus está lhe roubando a vida que Ele pretende para você.

Digo tudo isso como um homem com um passado sexual significativo. Talvez você pergunte, "Então, como conseguiu a graça?" E eu lhe dou as boas novas: Deus me perdoou dos pecados do passado e me tornou herdeiro de seu reino para todo o sempre. As minhas escolhas sexuais anteriores impactam meu casamento hoje, apesar de ter sido perdoado? Definitivamente, sim. Elas impactam todos os casamentos de pessoas que fizeram essa escolha? Definitivamente, sim. Mas acredite em mim: a graça de Deus pode nos perdoar. A última coisa que quero é jogar culpa em seus ombros. Quero que conheça a minha história como meio de enxergar como Deus pode redimir o passado de qualquer pessoa. A graça de Deus pode nos perdoar para a eternidade e, ainda assim, há consequências para todos os pecados.

Nunca alguém cometeu um pecado e ficou impune. Eu o aconselho a conservar essa grande dádiva que Deus lhe concedeu em seu lugar: na aliança do casamento. É somente ali que ela estará segura. Se você está lendo essas palavras com um peso no coração porque está pensando: *Ah, não, eu estraguei meu futuro casamento muito antes mesmo de conhecer minha esposa*, eu lhe digo o seguinte: "apoie-se na graça de Deus. Ele o perdoa, e Sua Palavra assegura que seus pecados não pesam mais contra você (2Coríntios 5:19). Se Ele pode redimir a minha história, também pode redimir a sua."

Os Problemas da Pornografia

Como já mencionei, desenvolvi um vício pela pornografia quando entrei na faculdade. Por causa dela, toda a minha vida saiu do controle. Mesmo quando conheci Monica, minha mulher, ambos estávamos muito mal. Nós nos casamos em uma capela diante de 300 amigos próximos e familiares. Logo depois que o pastor disse: "Você pode beijar a noiva", caminhamos pelo corredor com um enorme sorriso enquanto todos nos saudavam. Quando chegamos ao saguão, eu a abracei e proferi esta oração: "Deus, obrigado por me deixar escapar das consequências de meus pecados da luxúria e pornografia."

Por algum motivo, achei que, como tínhamos atingido a linha de chegada da vida de solteiro e a nova linha de partida do casamento, eu estava diante de um recomeço e tudo seria mais fácil a partir dali. Eu nem imaginava que, muito antes mesmo de conhecer minha esposa, minhas lutas com a luxúria e meu vício pela pornografia haviam prejudicado meu casamento.

Ela e eu fomos curados desde então, mas a luxúria ainda prejudicará seu casamento muito antes de você pensar nisso. Em toda a história da criação, ninguém nunca teve um casamento melhor por causa da pornografia. Você não será o primeiro. Deixe-me explicar o porquê.

As pesquisas indicam continuamente que a pornografia causa dependência. Poderiam simplesmente ter me perguntado, em vez de financiar seguidos estudos, mas não é isso que importa. A pornografia causa grande dependência por liberar níveis muito elevados de dopamina para o seu cérebro — um dos mais altos que se pode atingir sem uma substância química. Entenda isso: eu usei cocaína e ecstasy, fumei maconha e bebi muito álcool durante longos períodos da vida. Nenhum deles me dominou como a pornografia.

Eu ligava para o trabalho dizendo estar doente para poder me divertir com a pornografia. Ela me possuía, e vou lhe dizer o porquê: por causa de algo que antigos psiquiatras chamam de *sex glue* ["cola do sexo", em tradução livre].[3] *Sex glue* é a realidade de que, durante o sexo, o seu cérebro une os cinco sentidos ao que o cerca. Quando você experimenta o clímax sexual, também conhecido como *orgasmo* (isso, aí

LUXÚRIA & AUTOCONTROLE

está), seu cérebro cria uma sinapse ou um caminho que liga os cinco sentidos ao que o cerca. O seu cérebro se reconfigura, de modo a ficar *dependente* dessa sensação.

Em seu nível mais básico, pornografia é você fantasiando com qualquer pessoa com quem não está casado. Precisamos conversar sobre isso porque, hoje, as pessoas têm, em média, 11 anos de idade quando são apresentadas à pornografia. Releia a frase: 11 anos. E 90% das crianças e jovens entre 8 e 18 anos já viram pornografia. A pornografia equivale a quase metade de toda a atividade na internet. Segundo um estudo de 2020, 91,5% de homens e 60,2% de mulheres admitiram ter visto pornografia no mês anterior.[4] Se fingirmos que isso é algo que impacta somente homens ou que não destrói a vida de solteiros e casados dentro da igreja, estamos sendo tragicamente ingênuos sobre a dimensão do problema.

A pornografia causa vários efeitos colaterais, um dos quais é a disfunção sexual. Ao longo dos anos, conheci pessoas que não conseguem atingir o orgasmo sem ver pornografia, porque ela não é uma dependência do sexo — ela é uma dependência da variedade. Você reconfigurou seu cérebro não para se unir, como Deus planejou, a um cônjuge. Você o treinou para amar a variedade e, como resultado, a monogamia será algo muito difícil de manter.

Outro efeito colateral da pornografia é um apetite não natural. Quando eu era dependente da pornografia, não tinha a menor ideia de como amar e cuidar de uma mulher como Deus gostaria que eu fizesse. Eu havia usado as mulheres, especialmente o tipo bidimensional do outro lado de uma tela. Eu não sabia como cuidar de Monica. Dois anos depois do nosso casamento, ainda preso à dependência, a casa caiu.

O terceiro efeito colateral, e talvez o mais arrasador, é algo chamado de "entorpecimento mental", que comumente chamamos de depressão. É quando as alegrias normais da vida não são mais tão prazerosas. Imagine que você está dirigindo em um

POR QUE FAÇO O QUE NÃO QUERO FAZER?

lindo dia de outono: o sol está se infiltrando entre as folhas, os pássaros cantam à distância e há águas tranquilas nas proximidades. Um cristão normal respiraria fundo e daria glória a Deus por sua incrível criação. Mas você sabe o que um dependente de pornografia acha desse passeio? Simplesmente ele não é a pornografia. Você tira os olhos dela um dia e descobre que está entorpecido para as alegrias do dia a dia. Tudo o mais parece ter assumido um tom cinza, e você não consegue apreciá-lo como deveria.

Como já mencionei, pornografia e masturbação quase sempre estão ligadas. Isso se torna um círculo no qual você fica rapidamente preso. Seus pensamentos perseguem as imagens, e estas o impelem à ação. Isso gera mais pensamentos que, então, o levam a mais ação. E há algo que descobri ocorrer repetidas vezes, independentemente da luta contra o pecado (mas é particularmente verdadeiro quando se refere à luxúria, pornografia e masturbação): qualquer coisa que alimentamos cresce. Se alimentamos a luxúria, nosso apetite por mais só cresce. Em Filipenses 3, quando Paulo fala sobre os que vivem como inimigos da cruz, ele diz: "Quanto a estes, o seu destino é a perdição, *o seu deus é o estômago* e têm orgulho do que é vergonhoso; eles só pensam nas coisas terrenas" (v. 19, ênfase adicionada). Quando ele diz, "o seu deus é o estômago", ele quer dizer que os inimigos da cruz seguem seus impulsos pecaminosos. Quando somos dominados por nossos desejos, aceitamos a mentira de "uma última vez" em que pensamos que cada vez que erramos será a última, para sempre. Agimos por egoísmo, não por altruísmo. E o egoísmo é a antítese do Evangelho. Quando você transforma esses desejos em ação *uma última vez*, apenas alimenta um desejo que será mais forte na próxima.

Falo por experiência própria: os efeitos de um vício que terminou há quase duas décadas ainda *persistem*. Hoje continuo desaprendendo o conteúdo e as imagens que consumi e imaginei não ter consequências. Há imagens presas em minha mente de vinte anos atrás que eu poderia desenhar para vocês. Elas são muito específicas e explícitas em minha cabeça.

LUXÚRIA & AUTOCONTROLE

E, sinceramente, não tinha ideia de que isso poderia acontecer. Ninguém me disse que uma decisão tomada em menos de um segundo, aquele instante, era algo que eu carregaria pelo resto da vida.

De certo modo, isso parece injusto, pois agora sou um crente. Não vejo pornografia. Busco a pureza. Meu casamento é um compromisso sério. Mas, novamente, ver pornografia foi uma escolha que fiz e devo viver com as consequências do meu pecado. Acredito que todos os pecados são iguais enquanto nos separam de um Deus santo, e todos exigem a morte de Jesus como pagamento, mas diferentes pecados têm diferentes consequências.

Bem, talvez a pornografia não seja o seu problema — louve a Deus por isso! Mas quero adverti-lo: certifique-se de que a sua definição não seja limitada demais. Como mencionei antes, frequentemente pensamos em pornografia como sendo os sites sexuais mais extremamente explícitos na internet. Porém, qualquer coisa que faça você visualizar ou pensar explicitamente em alguém que não é seu cônjuge se insere no âmbito bíblico da *porneia*, a palavra que o apóstolo Paulo muitas vezes usa nas cartas do Novo Testamento ao descrever imoralidade sexual. Com frequência nos permitimos ver filmes para adultos com cenas de nudez ou programas de TV com algumas cenas de sexo, como se esses papéis ambíguos que definimos se equiparassem ao padrão de santidade planejado para nós. Para ser totalmente claro: pornografia é pecado, sem exceção. Só porque não mostra *tudo* não significa que deva entrar na nossa lista do que assistir em seguida ou em nosso feed do Instagram. A última coisa de que precisamos é permitir que essas formas socialmente aceitáveis de luxúria se infiltrem em nossas vidas em vez de tratá-las como o perigo que são.

A minha história reflete muitas das suas histórias. Talvez você até esteja profundamente envolvido nisso agora. Quer você seja homem ou mulher, jovem ou velho — se você está lendo isto e a pornografia o (a) está dominando, aqui estão as palavra mais úteis que posso lhe dizer: a cura está aí. E eu acredito que você possa ser curado.

Você Está Carregando o que o Está Matando

Para a maioria das pessoas (independentemente do pecado específico com que estão lutando), a cura começa da mesma forma: retirar o acesso ao que está destruindo as suas vidas. Sempre que sou orador em algum lugar (seja no domingo pela manhã, em uma terça-feira à noite, em uma conferência ou um retiro), fico no palco durante todo o tempo em que as pessoas querem falar. É um ótimo momento para conversar, pois elas estão processando o que acabaram de ouvir no sermão em tempo real. Devido à franqueza sobre as minhas antigas lutas com a pornografia, perdi a conta de quantas vezes tive a seguinte conversa:

"Ei, a minha história é parecida com a sua."

"Ah, você é viciado em pornografia?"

"Sim, eu sou. Bem, estou lutando com isso."

"OK, obrigado por contar isso. Gostaria de fazer algumas perguntas para entender melhor. Como você acessa pornografia?"

"Ahn, pelo celular."

"Quero fazer outra pergunta. Onde está o seu celular?"

"No meu bolso."

"Ah, pensei que você tinha dito que está lutando. Você não está lutando, está levando a sua pornografia por todo canto. Você tem uma porta para milhões de imagens explícitas bem aí, no seu bolso, e a sua luta ainda nem começou. Você ainda nem começou a buscar a cura."

"Então, o que você quer que eu faça? Que me livre do celular?"

"Isso, ou arranque o seu olho. Depende de você. Você escolhe. Se quiser me chamar de legalista, observemos as palavras de Jesus."

LUXÚRIA & AUTOCONTROLE

Uma parte importante do caminho para a cura é remover o acesso. Seja por filtros, software ou trocar o celular por outro sem acesso à internet, o seu compromisso de ficar bem é determinado pelo que você está (ou não) disposto a fazer. Da mesma forma que recomendaríamos a um alcoólatra em recuperação que se livre de todas as bebidas em sua casa, para começar, você precisa se comprometer a cortar todos os canais que mostrem pornografia (ou outro conteúdo que desperte a luxúria em você).

Jesus não se abstém de dizer o que pensa sobre a luxúria no Sermão da Montanha. Veja o que ele diz:

> *Vocês ouviram o que foi dito: "Não adulterarás." Mas eu lhes digo: qualquer um que olhar para uma mulher para desejá-la, já cometeu adultério com ela no seu coração. Se o seu olho direito o fizer pecar, arranque-o e lance-o fora. É melhor perder uma parte do seu corpo do que ser todo ele lançado no inferno. E se a sua mão direita o fizer pecar, corte-a e lance-a fora. É melhor perder uma parte do seu corpo do que ir todo ele para o inferno (Mateus 5:27–30).*

É interessante que ele fala *mão* ao se referir à luxúria. (Acho que é uma alusão à masturbação.) Jesus nos diz que não se deve brincar com a luxúria. É inútil. Até *olhar* com lascívia para alguém com quem não se é casado é o mesmo que cometer adultério em seu coração. Ele diz que o pecado começa na mente e no coração, não no ato em si. É tudo a mesma coisa. Quando você ler isso, talvez pense: "Uau, isso é pedir demais, Jesus. Você não sabe que o sexo está em todos os lugares?" Mas Jesus constantemente eleva as expectativas para seus seguidores e a pureza sexual não é exceção.

Por que carregaríamos em nosso bolso o que está nos matando como se não tivesse importância? Um grande passo no processo de cura é cortar o acesso, não importa o quanto a medida pareça drástica.

Aderindo ao Autocontrole

Eis outro aspecto que é verdadeiro: ou controlamos nossos desejos sexuais, ou seremos controlados por eles. Viver com autocontrole requer esforço e determinação. Não é um processo de uma etapa, há muitos passos que podemos dar. Já discutimos a importância de se confessar ao nível de pensamento, antes mesmo de ter a oportunidade de agir. Remover o acesso é outra etapa importante no processo de cura. Mas o que mais poderemos fazer? Como o autocontrole funciona para os seguidores de Jesus?

Quando Paulo enviou sua primeira carta à igreja de Tessalônica, ele escreveu para um grupo de crentes que viviam em um local com grande carga sexual. Provavelmente pensamos que vivemos em uma era de desvios sexuais, mas nem chegamos perto de Tessalônica naquela época. Adultério, pedofilia, orgias e homossexualidade eram extremamente comuns. Coisas como idade de consentimento não existiam. Não havia leis que protegessem crianças ou escravos de serem molestados contra a vontade. Quando me refiro a desvios sexuais, falo sério.

Com esse cenário, vejamos o que o apóstolo Paulo (inspirado pelo Espírito Santo) disse à igreja da cidade:

> *A vontade de Deus é que vocês sejam santificados: abstenham-se da imoralidade sexual. Cada um saiba controlar o próprio corpo de maneira santa e honrosa, não com a paixão de desejo desenfreado, como os pagãos que desconhecem a Deus. Neste assunto, ninguém prejudique a seu irmão nem dele se aproveite. O Senhor castigará todas essas práticas, como já lhes dissemos e asseguramos. Porque Deus não nos chamou para a impureza, mas para a santidade. Portanto, aquele que rejeita estas coisas não está rejeitando o homem, mas a Deus, que lhes dá o seu Espírito Santo (1Tessalonicenses 4:3–8).*

LUXÚRIA & AUTOCONTROLE

Esta passagem nos mostra a dicotomia da luxúria e do autocontrole (e Paulo não poupa palavras aqui). Deveríamos ser santificados (ou seja, nos dedicarmos mais a Deus e crescer em maturidade espiritual) e evitar a imoralidade sexual. Paulo diz que os pagãos — os que não conhecem Deus — agem com luxúria, mas Deus chamou os crentes para viverem uma vida santa ao invés de ficarem presos na impureza. Se você ignorar essas instruções, estará ignorando o mesmo Deus que nos dá o Espírito Santo.

Paulo fala muito sobre autocontrole. Em Tito 2, outra carta, ele menciona o autocontrole quatro vezes. Ele diz a homens mais velhos e mais jovens para serem autocontrolados e diz a mulheres mais velhas para ensinarem também às mais jovens como mostrar autocontrole. Ele fala a todos os grupos nesse único capítulo.

Em sua carta à igreja da Galácia, enquanto Paulo descreve o fruto do Espírito, o que ele enumera como uma das formas de ver se o Espírito Santo está agindo em um crente? Autocontrole. Se realmente buscamos as coisas de Jesus e agimos de maneira consistente com Sua Palavra, nossa vida será marcada pelo autocontrole.

Em 1Coríntios 6:18, Paulo diz: "Fujam da imoralidade sexual. Todos os outros pecados que alguém comete, fora do corpo os comete; mas quem peca sexualmente, peca contra o seu próprio corpo." Você só foge de coisas que são perigosas.

Quando eu estava dançando com a garota naquela noite no clube, estava fazendo exatamente o que deveria fazer. Eu era um pagão. Eu não sabia que não deveria agir assim. Quando me tornei cristão e o Espírito Santo entrou na minha vida, as coisas começaram a mudar. Não de um dia para o outro, mas ao longo do tempo, enquanto eu me entregava ao Espírito Santo, comecei a experimentar a cura, e o autocontrole não parecia impossível como antes.

O jeito mais fácil de fugir *de* algo é correr *para* algo. Se você está correndo para Jesus, você está fugindo da imoralidade sexual. Corra mais depressa para Jesus. Se você está lendo estas palavras e se sente sobrecarregado pela vergonha ou culpa, saiba de uma coisa: você não sente vergonha do Espírito Santo. Você sente vergonha do inimigo. Comece a contar à sua comunidade — traga-a para a luta com você. Encontre um ministério fundamentado na Bíblia que o orientará com base no que dizem as Escrituras. Viva um dia depois do outro e lembre-se: a liberdade está disponível para você e a cura é possível.

TRÊS PERGUNTAS PARA FAZER A SI MESMO

1. Como você luta com a luxúria em sua vida?
2. Parece-lhe impossível livrar-se da luxúria e da vergonha? Que parte das Escrituras você pode indicar para lembrar que a liberdade é possível?
3. Que passo você pode dar hoje para crescer no autocontrole?

. PARTE 2 .
AS GUERRAS MODERNAS

Todos têm um vídeo preferido do YouTube. O meu se chama *How to catch a baboon* [Como Pegar um Babuíno]. Se você precisar pausar a leitura por alguns minutos, entre no site e digite o nome. Não importa quantas visualizações ele tem, provavelmente sou responsável por metade delas. Se este livro não lhe ensinou nada, pelo menos vai saber onde aprender como você também pode apanhar um babuíno, só para o caso de algum dia precisar de um para alguma coisa.

A cena se passa em alguma parte da selva africana. Este guerreiro africano vai até um ninho de cupim que parece um grande cone de concreto. Ele faz um pequeno furo no ninho e nele insere uma sementinha redonda. Um babuíno o observa do alto das árvores o tempo todo. Naturalmente, eles são animais curiosos.

O guerreiro se afasta. O babuíno sabe que este é o momento. Ele desce da árvore depressa e corre para o ninho de cupins. Coloca a mão no buraco e pega a semente, mas não consegue tirar o punho do orifício. Você nota como ele começa a entrar em pânico, gritando e guinchando e pulando, prestes a arrancar o braço tentando se libertar. Ele só precisa soltar a semente, mas o guerreiro se aproxima com calma e desliza um laço em seu pescoço. O babuíno está preso, exatamente como o sujeito queria.

POR QUE FAÇO O QUE NÃO QUERO FAZER?

Acho que este é um verdadeiro retrato de nós. Dizemos, "Quero estar totalmente com Jesus. Só não me faça abrir mão de meus relacionamentos, meu status, meus pertences, meus negócios — todas as coisas importantes para mim, que na realidade me distraem em relação a Ele. Estou com Jesus, mas não me faça abandonar essas coisas". Como uma mariposa atraída para uma lâmpada (ou um babuíno para um ninho de cupim), somos atraídos para os confortos, as bugigangas e os prazeres modernos que o mundo oferece. Nós os assimilamos de tal modo que não há muita coisa em nossa vida que nos diferencie dos não crentes ao redor.

A que Nos Apegamos

Uma de minhas histórias preferidas da Bíblia, que Deus usou repetidas vezes em minha vida, é a do jovem rico. Ela é repetida em três Evangelhos (Mateus, Marcos e Lucas), então você sabe que é importante. Leia a interação entre o jovem e Jesus:

Quando Jesus ia saindo, um homem correu em sua direção, pôs-se de joelhos diante dele e lhe perguntou: "Bom mestre, que farei para herdar a vida eterna?"

Respondeu-lhe Jesus: "Por que você me chama de bom? Ninguém é bom, a não ser um, que é Deus.

Você conhece os mandamentos: 'não matarás, não adulterarás, não furtarás, não darás falso testemunho, não enganarás ninguém, honra teu pai e tua mãe.'"

E ele declarou: "Mestre, a tudo isso tenho obedecido desde a minha adolescência."

Jesus olhou para ele e o amou. "Falta-lhe uma coisa", disse Ele. "Vá, venda tudo o que você possui e dê o dinheiro aos pobres, e você terá um tesouro no céu. Depois, venha e siga-me."

Diante disso ele ficou abatido e afastou-se triste, porque tinha muitas riquezas.

Jesus olhou ao redor e disse aos seus discípulos: "Como é difícil aos ricos entrar no Reino de Deus!"

Os discípulos ficaram admirados com essas palavras. Mas Jesus repetiu: "Filhos, como é difícil [para os que confiam nas riquezas] entrar no Reino de Deus!

É mais fácil passar um camelo pelo fundo de uma agulha do que um rico entrar no Reino de Deus."

Os discípulos ficaram perplexos, e perguntavam uns aos outros: "Neste caso, quem pode ser salvo?"

Jesus olhou para eles e respondeu: "Para o homem é impossível, mas para Deus não; todas as coisas são possíveis para Deus" (Marcos 10:17–27).

Deixe-me falar um pouco sobre esse jovem rico. Às vezes, dependendo de onde você ouviu essa passagem, ele é tratado como intercambiável com os fariseus ou saduceus (as elites religiosas) e mostrado como um dos caras maus. Este é o ponto não compreendido; esse sujeito não é mau. Para todas as moças solteiras de lá, ele é *o* sujeito com quem sua mãe insiste que você saia. É um cara bom. Não só é um magnata dos negócios bem-sucedido, mas também parece ter um relacionamento profundo e duradouro com Deus. Ele é um partidão!

Observe que o versículo 22 fala, depois que Jesus lhe diz para vender tudo e segui-lo: "Diante disso, ele ficou abatido e afastou-se triste, porque tinha muitas riquezas." Acho que essa história vai muito além de um sujeito com muito dinheiro que não quis se desfazer dele. Ela fala de um homem que sabia o que era certo e bom e verdadeiro, mas estava tão ligado ao mundo e seus confortos e às suas armadilhas cotidianas — os mesmos para os quais você e eu somos atraídos — que não conseguiu seguir Jesus. Para estar totalmente com Jesus, precisamos afrouxar a pressão e deixar que Ele tire de nossas mãos qualquer ídolo que ainda estejamos segurando.

Armadilhas Modernas

Certa vez, realizamos uma série de sermões em nossa igreja chamados "Os Sete Pecados Capitais de Subúrbia". Enquanto nossa equipe de planejamento estava na sala de conferências com um quadro branco, fizemos uma lista de todas as coisas no século XXI que nos distraem e afastam nosso olhar de Jesus. Preenchemos o quadro rapidamente. Em seguida, tentamos combiná-las e encontrar coincidências. Mesmo assim, a lista tinha onze ou doze itens. Alguns eram os mesmos problemas antigos que já tínhamos discutido, mas alguns eram novos.

Isso me mostrou algo: há coisas nas quais seguir Jesus hoje se parece muito com o que se fazia há dois mil anos. Mas, além disso, o nosso inimigo ficou esperto e encontrou novas formas inteligentes para nos distrair e nos atrair para o pecado. Essas novas formas pelas quais o pecado se insinuou e começou a envenenar nossa vida espiritual são coisas às quais não só precisamos estar atentos, mas também conhecer seus antídotos. Enquanto eu pensava nas guerras modernas mais importantes que lutamos diariamente, aqui estão cinco de que quero falar na parte 2 deste livro:

- Gestão da Percepção & Autenticidade
- Direito & Gratidão
- Trabalho & Descanso
- Embriaguez & Sobriedade
- Ceticismo & Otimismo

Se pudermos não nos afetar por esses hábitos e padrões prejudiciais, viveremos contra a cultura vigente, iremos nos destacar e seremos extremamente diferentes das pessoas que nos cercam. E sabe o que é surpreendente em lutar essas guerras modernas? Nós o fazemos com as verdades antigas e atemporais das Escrituras. Embora elas não tratem especificamente de temas como semanas de trabalho de cinquenta horas, elas nos dão princípios pelos quais viver, que podemos analisar e aplicar à nossa vida.

Assim como o caçador que facilmente deslizou o laço ao redor do pescoço do babuíno, Satanás sabe exatamente como nos prender. O inimigo nos estudou e identificou nossos padrões. Ele não quer nada mais do que nos distrair com os brilhantes e vistosos objetos que o mundo pode nos dar. Mas há um jeito melhor, o qual leva à vida completa e abundante que Jesus nos oferece. Nós só precisamos nos dispor a deixar tudo de lado e segui-Lo.

. 6 .
GESTÃO DE PERCEPÇÃO
&
AUTENTICIDADE

A maior parte de meus anos como adulto se passou em Dallas, mas hoje sou pastor em Waco, Texas, perto do campus da Universidade de Baylor (uma das maiores universidades cristãs do mundo). Esta não é a primeira vez que moro aqui. Mudei-me para obter meu diploma em Artes da faculdade técnica local, quando era mais jovem. A história de Deus me chamando de volta a Waco caberia em um livro totalmente distinto, mas digamos que minhas experiências nesta localidade (antes e depois de Jesus) não poderiam ser mais diferentes.

Quando cheguei para frequentar a faculdade, não conhecia muitas pessoas na cidade, mas logo fiz amigos com quem me diverti, e quase todos eram alunos de Baylor. Não importava se estudávamos em lugares diferentes; a única coisa importante era que todos gostávamos de passar momentos agradáveis (que quase sempre envolviam muito álcool).

POR QUE FAÇO O QUE NÃO QUERO FAZER?

Certo fim de semana, cumprimos a nossa rotina habitual: no sábado à noite, ficamos em um barzinho perto do campus e depois, fomos à festa de uma fraternidade, e no domingo, acordamos com a cabeça latejando e cheirando a cerveja barata. Por volta das 11h, meu amigo sugeriu que fôssemos ao refeitório de um dos dormitórios para um brunch (ele disse que me faria entrar com sua identidade, e eu não estava a fim de rejeitar uma refeição gratuita em que se podia comer à vontade).

Enquanto eu abastecia minha bandeja com panquecas, ovos, frango e waffles, olhei em volta e notei algo realmente... estranho. Quase todos estavam bem-vestidos. As garotas estavam de vestido e salto alto. Os rapazes vestiam calças cáqui e camisas polo. Como eu estava ali com shorts de basquete largos e um moletom com capuz folgado, não consegui evitar me sentir como se tivesse perdido alguma coisa. Depois, a coisa ficou ainda mais estranha. Olhei de novo e vi uma das garotas, com quem tinha flertado no bar na noite anterior, e ela usava um vestido de bolinhas e saltos altos. Como ela podia estar tão arrumada?

Sentei-me com meu amigo e disse, "Por que parece que todas essas pessoas acabaram de sair de uma entrevista de emprego ou da igreja?" Ele respondeu, "Bem, algumas foram à igreja — e outras se arrumaram para comer para que todos *pensem* que foram à igreja". Espere aí... o quê? Eu não conseguia assimilar o que ele me dizia. Por que alguém faria isso? Não fazia sentido. Ele continuou, "É o que algumas pessoas daqui fazem".

Bom, até aquele momento nem ao menos tinha me ocorrido que Baylor era uma escola cristã. Todos os meus amigos gostavam de se divertir como eu. Eu me lembrava vagamente de alguém comentar sobre uma aula de religião obrigatória a que teriam que assistir e agora, eu descobria pessoas vestidas para o brunch de domingo para que os outros pensassem que tinham ido à igreja. Então todos os pontos se juntaram em minha cabeça. (Uma breve retratação: muitos alunos de Baylor realmente seguem Jesus, mas há alguns que se desgastam tentando ter a aparência de seguidores de Jesus.)

94

O meu eu de 19 anos, não crente e de ressaca, teve um pensamento naquele instante do qual ainda me lembro: *isso parece exaustivo*. Cuidadosamente, formar uma imagem, certificando-se de que esteja (ou pareça estar) correspondendo a um determinado padrão no qual as pessoas o inserem e administrando como os outros o enxergam é um passatempo terrível. E é um jogo com o qual nos sentimos muito mais confortáveis jogando do que imaginamos.

Gerente de Sua Própria Marca

Com a chegada e crescimento das mídias sociais na última década, hoje, mais do que nunca, você age como o gerente de sua própria marca e empresa de RP. Quer percebamos ou não, cada um de nós está cultivando a imagem que queremos que os outros tenham de nós no dia a dia, e isso está nos esgotando. Talvez a identidade que você queira seja a do "viajante do mundo" ou "empresário bem-sucedido". Ou a do "marido amoroso" ou da "esposa dedicada". Talvez você queira ser visto como o "sábio erudito" com a fotografia perfeita de sua caneca de café e a Bíblia aberta. Com cada fotografia que postamos ou status que atualizamos, corremos o risco de apenas participar do jogo de cristianismo cultural que está destruindo a igreja nos Estados Unidos hoje com esse verniz de autenticidade. Isso é perverso.

Para muitos de meus amigos millennials, esta é a causa principal de sua angústia em relação à igreja atualmente. Eles cresceram ouvindo os pais, nos seus melhores trajes de domingo, discutindo a caminho da igreja, mas assim que o carro entrava no estacionamento e as portas se abriam, todos colavam um sorriso no rosto e fingiam que tudo estava ótimo durante os 75 minutos seguintes. A hipocrisia disso tudo os esgotava, e eles chegaram ao ponto em que disseram, "Se isso é a igreja, não quero fazer parte dela".

Por que fazemos isso? Se todos estamos exaustos por causa dessa atitude, por que continuamos a correr nessa rodinha de hamster da gestão da percepção? A explicação é muito simples. Queremos que gostem de nós e todos, quer admitamos ou não, temos medo de que, se as pessoas conhecerem nosso *verdadeiro* eu, deixariam de gostar. Consequentemente, apresentamos uma versão falsa de nós mesmos na esperança de que ela seja a "correta" e que as pessoas gostem de nós, mesmo que não sejamos *realmente* nós.

Eis a ironia disso tudo: levamos uma vida falsa porque queremos que gostem de nós, mas, no geral, as pessoas mais agradáveis são as autênticas! Somos atraídos para pessoas que se sentem bem consigo mesmas. Elas não têm nada a esconder e são as pessoas mais arrojadas e livres que conhecemos.

Essa ideia pode ser revisitada em Gênesis 2. Quando Deus está em meio à narrativa da criação, Ele cria Adão e Eva. Até esse ponto, tudo está certo. O pecado ainda não entrou nesse processo (embora chegue no capítulo seguinte). Eles estão no Jardim do Éden. Tudo é perfeito! Os pássaros cantam, o céu está azul, as árvores florescem e lá estão Adão e Eva. Veja o que é dito em Gênesis 2:25: "O homem e sua mulher viviam nus, e não sentiam vergonha."

Este não é um comentário interessante que o Espírito Santo preservou durante todos esses anos? Quando pensamos na nudez, primeiro pensamos na vergonha, mas nesse exato momento da história humana, a vergonha era um conceito totalmente desconhecido. Como Adão e Eva eram completamente conhecidos, estavam totalmente expostos e não tinham nenhuma vergonha. Isso é algo que nenhum de nós já experimentou. Literalmente nenhum de nós tem alguém que sabe *tudo* o que pensamos, *tudo* que dissemos, *tudo* que olhamos e *tudo* que fizemos.

O conceito de estar totalmente livre da vergonha ou da culpa pode ser difícil de assimilar. Só conhecemos um mundo em que tentamos controlar nossa imagem e nos proteger de que outras pessoas pensem que somos mais depravados do que já imaginam que somos. Se formos absolutamente sinceros, muitos de nós tememos as opiniões das pessoas mais do que a opinião de Deus.

Quando Você Teme as Pessoas

O Rei Saul é um personagem fascinante do Velho Testamento com quem podemos aprender muito ao ler 1Samuel. Se você não conhece a história, Saul foi o primeiro rei de Israel (o povo de Deus). Antes disso, eles tinham juízes (uma combinação de prefeito e general). Quando o povo de Israel olhou ao redor, ele disse, "Todos os outros têm um rei. Também queremos um!" Assim, o povo foi até Samuel, um sacerdote que agia como intermediário entre Deus e Israel. Samuel tentou convencê-los de que Deus era suficiente, mas Israel não ouviu. Deus então disse a Samuel para lhes dar o que queriam.

Quando Samuel saiu à procura de um rei, encontrou Saul, que era tudo que se poderia querer em um jovem rei. Ele pertencia a uma família de posses, tinha boa aparência e era mais alto que todos os demais. Todas as características superficiais que Israel queria em um rei estavam em Saul! Seu reino até começou bem quando ele se rendeu ao Espírito de Deus, mas logo após a cerimônia de unção, as coisas começaram a ir mal. Podemos encontrar em 1Samuel 13 a história sobre como o reino de Saul foi atacado pelos filisteus, seus inimigos.

Veja, os israelitas eram, em número, muito menores naquele momento e Saul sabia que deveria fazer um sacrifício a Deus. Naqueles dias, diante de uma batalha que se aproximava, um sacerdote ofereceria um sacrifício na esperança de que Deus abençoasse seus esforços e os tornasse vitoriosos na batalha. Mas Saul não era um sacerdote — ele era o rei. Reis não tinham permissão para oferecer sacrifícios. Ele precisava de Samuel para fazê-lo, e Samuel lhe disse que esperasse sete dias.

Ao se aproximar o sétimo dia, Samuel não era encontrado em lugar algum e Saul cansou-se de esperar. Era a situação crítica diante da qual Saul iria ceder, apesar de saber qual era o acordo. Quando se é rei do povo de Deus, é muito importante conhecer as regras de Deus. Saul sabia que precisava de um sacerdote para o sacrifício, mas Samuel se atrasou, de modo que ele agiu sozinho. Ele cedeu, de tão consumido que estava por sua posição diante dos outros e seu desejo de que as pessoas o seguissem. Seus seguidores estavam nervosos (1Samuel 13:7 até diz que as tropas "tremiam de medo"). Ele fez exatamente o que sabia ser errado, pois temia que o povo se revoltasse.

Este era um padrão na vida de Saul. Apenas dois capítulos mais tarde, após outro episódio de desobediência, ele disse a Samuel, "Tive medo dos soldados e lhes atendi" (1Samuel 15:24). Saul temia o povo mais do que a Deus, e isso lhe custou tudo. Por fim, Deus retirou a mão da vida de Saul e disse que encontraria um novo rei (que foi o rei Davi).

Bem, coloque-se no lugar de Saul por um instante. Você vê seu povo abandonando-o ao mesmo tempo em que vê uma horda enorme de pessoas com intenção de matá-lo avançando em sua direção. O que teria feito?

Muitas vezes mostramos uma imagem como se tudo estivesse sob controle. Gostamos de projetar confiança, então tomamos atalhos. Fazemos todo o possível porque elevamos a aprovação das pessoas acima da aprovação de Deus, e vivemos totalmente fora de equilíbrio. Assim que somos apanhados no jogo da gestão de percepção, é fácil remover Deus totalmente do processo.

Em sua carta à igreja da Galácia, o apóstolo Paulo escreve: "Acaso busco eu agora a aprovação dos homens ou a de Deus? Ou estou tentando agradar a homens? Se eu ainda estivesse procurando agradar a homens, não seria servo de Cristo" (Gálatas

1:10). Não podemos servir a Jesus e à opinião dos outros ao mesmo tempo. É impossível. Isso foi exatamente o que Saul tentou fazer. Não podemos deixar o medo que sentimos dos outros e o desejo de sua aprovação ditar nossa obediência a Deus.

Um Pecado (Realmente) Mortal

Há outra história sobre autenticidade que nos serve de lição no livro dos Atos. Nessa época, a primeira igreja estava florescendo. As pessoas vinham para a fé em Jesus, viviam em comunidade, partilhavam seus bens, comiam juntas e funcionavam como uma primeira e saudável expressão da igreja. Exatamente antes desta história, um homem chamado José (também conhecido como Barnabé) vendeu um campo de sua propriedade e levou o dinheiro aos apóstolos para que eles o usassem para o bem da igreja. Entra uma dupla que você talvez não conheça: Ananias e Safira. Leia sua história:

> *Um homem chamado Ananias, juntamente com Safira, sua mulher, também vendeu uma propriedade.*
>
> *Ele reteve parte do dinheiro para si, sabendo disso também sua mulher; e o restante levou e colocou aos pés dos apóstolos.*
>
> *Então perguntou Pedro: "Ananias, como você permitiu que Satanás enchesse o seu coração, a ponto de você mentir ao Espírito Santo e guardar para si uma parte do dinheiro que recebeu pela propriedade?*
>
> *Ela não lhe pertencia? E, depois de vendida, o dinheiro não estava em seu poder? O que o levou a pensar em fazer tal coisa? Você não mentiu aos homens, mas sim a Deus."*
>
> *Ouvindo isso, Ananias caiu e morreu. Grande temor apoderou-se de todos os que ouviram o que tinha acontecido.*

Então os moços vieram, envolveram seu corpo, levaram-no para fora e o sepultaram.

Cerca de três horas mais tarde, entrou sua mulher, sem saber o que havia acontecido.

Pedro lhe perguntou: "Diga-me, foi esse o preço que vocês conseguiram pela propriedade?" Respondeu ela: "Sim, foi esse mesmo."

Pedro lhe disse: "Por que vocês entraram em acordo para tentar o Espírito do Senhor? Veja! Estão à porta os pés dos que sepultaram seu marido, e eles a levarão também."

Naquele mesmo instante, ela caiu aos pés dele e morreu. Então os moços entraram e, encontrando-a morta, levaram-na e a sepultaram ao lado de seu marido.

E grande temor apoderou-se de toda a igreja e de todos os que ouviram falar desses acontecimentos (Atos 5:1–11).

Ao ler essa história, seu primeiro pensamento pode ser: *Puxa, isso foi rápido!* Ananias e Safira caíram mortos com um intervalo de três horas entre um e outro... mas por quê? Alguns diriam que seu pecado foi a ganância, mas o versículo 4 explica que eles poderiam ter usado o dinheiro como quisessem, contudo, mentiram. Por que mentiram?

O pecado por trás do pecado deles era a gestão de percepção (ou a falta de autenticidade, dependendo de como queira chamá-la). Eles queriam *parecer* muito mais santos e justos do que eram. Eles queriam os mesmos aplausos e aprovação que viram Barnabé receber. Esta é uma advertência muito importante para nós. Veja, Deus realmente se importa quando jogamos os jogos religiosos e adequados à igreja, e acho que essa passagem tenta nos ensinar algumas coisas.

Primeiro, a inautenticidade sempre prejudica as pessoas mais próximas de nós. Safira sabia o que Ananias fez, e isso acabou por levá-la à morte. No início do meu casamento, eu trabalhava com desenvolvimento de negócios (um termo mais sofisticado para vendas). Monica me ouvia ao telefone contando meias-verdades, tentando virar a conversa a meu favor, sempre buscando fechar o próximo negócio, mesmo que isso significasse comprometer a verdade.

Quando nosso casamento caiu em uma espiral descendente alguns anos depois, foi porque ela nunca viu a real versão de mim. Eu estava sempre no modo "vendedor". Lembro-me de dirigir por uma rua enquanto estávamos em meio a uma discussão, e ela disse, "Pare de querer me vender essa ideia. Pare de tentar me convencer". Ela sabia que eu não estava sendo autêntico, portanto, não conseguia confiar em mim.

Segundo, a inautenticidade prejudica seu relacionamento com Deus. O versículo 4 também diz, "Você não mentiu aos homens, mas sim a Deus". Eis os fatos: se você acredita que existe um Deus, então sabe que Ele sabe toda a verdade. Se você vai até Deus e não trata com toda a verdade, está apenas jogando esse estranho jogo religioso. E poderá ver-se daqui a uns cinco ou dez anos, pensando: *Ah, talvez eu nem mesmo acredite em Deus. Eu só estava representando um personagem espiritual.* Você apenas tem assumido e desempenhado uma versão falsa do cristianismo metaforicamente (ou literalmente).

Como Sepulcros Caiados

Por que Deus respondeu a Ananias e à Safira dessa forma? Tenho a impressão de que essa questão deve ser uma das maiores frustrações de Deus. Jesus, no Sermão da Montanha, tratou de jogar jogos religiosos algumas vezes. Ele disse em Mateus 6:

> *Tenham o cuidado de não praticar suas "obras de justiça" diante dos outros para serem vistos por eles. Se fizerem isso, vocês não terão nenhuma recompensa do Pai celestial. Portanto, quando você der esmola, não anuncie isso com trombetas, como fazem os hipócritas nas sinagogas e nas*

> *ruas, a fim de serem honrados pelos outros. Eu lhes garanto que eles já receberam sua plena recompensa (v. 1–2).*
>
> *E quando vocês orarem, não sejam como os hipócritas. Eles gostam de ficar orando em pé nas sinagogas e nas esquinas, a fim de serem vistos pelos outros. Eu lhes asseguro que eles já receberam sua plena recompensa (v. 5).*
>
> *Quando jejuarem, não mostrem uma aparência triste como os hipócritas, pois eles mudam a aparência do rosto a fim de que os homens vejam que eles estão jejuando. Eu lhes digo verdadeiramente que eles já receberam sua plena recompensa (v. 16).*

Se seu motivo é fazer algo para parecer santo, você nada entendeu e está entristecendo o coração de Deus. Mas se seu motivo é dar importância a Deus e chegar mais perto do coração Seu coração, você crescerá em maturidade e semelhança com Ele. Porém, você deve sempre verificar os seus motivos. Todos devemos.

Depois, em Mateus, Jesus diz: "Ai de vocês, mestres da lei e fariseus, hipócritas! Vocês são como sepulcros caiados: bonitos por fora, mas por dentro estão cheios de ossos e de todo tipo de imundície" (23–27). Este é Jesus falando! Frequentemente, pensamos em um Jesus bom, acolhedor e gentil. Mas aqui Jesus mostra que não tem paciência com os que se apresentam como santos e justos no exterior, mas estão decaindo no interior.

Certa vez falei em um painel em uma conferência com outro pastor. Vi-o de longe e fiquei feliz por finalmente encontrá-lo antes, no salão verde. Mas enquanto conversávamos, pensei: *Hum, algo parece errado. Aqui, esse sujeito parece muito diferente do que é quando está no palco.* Sei que pareço estar sendo crítico, mas me pareceu um discernimento do Espírito Santo.

Subimos ao palco e eu me sentia honrado em participar desse painel. A discussão girava em torno de viver em um aquário (a ideia de que no ministério sempre somos observados por todos). Fizeram-lhe uma pergunta e ele respondeu, "Há coisas na vida

GESTÃO DE PERCEPÇÃO & AUTENTICIDADE

que você conta a todos. Há coisas que conta a algumas pessoas. E há outras que não conta a ninguém". Foi como um disco riscado em minha mente — *ele disse mesmo o que estou pensando?*

Eu queria que me fizessem uma pergunta para poder voltar a essa frase e pedir a ele que me mostrasse em que capítulo e versículo se encontrava, mas outro amigo meu no palco se adiantou a mim. Fiquei muito surpreso com essa declaração, pois simplesmente nunca tinha visto em nenhum lugar das Escrituras. A sua fé pode ser pessoal, mas nunca deve ser algo particular.

Vivendo na Luz

Vamos avançar no tempo, por um momento: esse sujeito foi descoberto tendo um caso extraconjugal enquanto estávamos naquele palco. É isso que acontece quando você deixa o pecado ficar e o mantém no escuro. Quando você fecha partes de sua vida para os outros, não importa se grandes ou pequenas, você só está convidando o pecado a se insinuar em sua vida e a crescer. Então, qual é a solução? Como nos elevar acima da gestão de percepção e vivermos com autenticidade? Trazendo tudo à luz. E eu digo *tudo.*

Na carta de Paulo para a igreja de Éfeso, ele adverte sobre deixar o pecado subsistir no escuro.

Não participem das obras infrutíferas das trevas; antes, exponham-nas à luz. Porque aquilo que eles fazem em oculto, até mencionar, é vergonhoso. Mas, tudo o que é exposto pela luz torna-se visível, pois a luz torna visíveis todas as coisas (Efésios 5:11–13).

Paulo encoraja não só a ficar longe do mal, mas para expô-lo e trazer o mal à luz, porque quando você acende aquela luz brilhante sobre ele, não há mais escuridão nem vergonha, e a escuridão perde seu poder. Você mata a escuridão com a luz. Esse tópico é repetido várias vezes durante as Escrituras. Como se mata a inautenticidade? Com autenticidade.

POR QUE FAÇO O QUE NÃO QUERO FAZER?

Certa noite, vários anos atrás, eu ia proferir uma palestra e estava com um nó no estômago. Mas não era ansiedade. Era culpa e vergonha. Na noite anterior, eu estava percorrendo o Instagram e cliquei em uma hashtag inocente. Depois cliquei em outra, sabendo que ela levaria a algo pecaminoso. Logo apareceram cenas de nudez. Pela graça de Deus, recuperei a razão e fechei, mas mesmo assim não deveria ter clicado e ainda vi algo que não deveria ter procurado. Agora, prestes a subir ao palco diante de milhares de pessoas, eu me sentia uma fraude.

Subi ao palco e disse, "Isso não tem nada a ver com o resto da mensagem, mas quero que saibam o que fiz, pois preciso do seu perdão", e contei-lhes a história. Pedi perdão. Rezei e continuei a noite. Quando terminei de pregar, eu me levantei na frente do palco para falar com quem quisesse (como mencionei, é algo que sempre faço quando falo), e, não estou brincando, nunca vi uma fila tão longa. Uma pessoa após a outra, as histórias eram todas as mesmas: "Ei, cara, eu também. Obrigado por dizer aquilo."

Acho que a última pessoa saiu por volta da 1h naquela noite. Aprendi uma lição: quando você se compromete a trazer a escuridão para a luz, isso encoraja os outros a fazer o mesmo. A autenticidade é realmente contagiosa. Não foi uma forma divertida de iniciar a mensagem. Na verdade, foi bastante humilhante. Mas Deus usou esse momento para despertar a autenticidade entre os demais, porque a luz sempre supera a escuridão.

Alguns de vocês que estão lendo estas palavras agora têm coisas acontecendo (ou que aconteceram) em sua vida e acham que vão levá-las para o túmulo porque acham que não podem contá-las a ninguém. Vocês dizem: "Esse é um aspecto de minha vida que continuarei a esconder das pessoas." Eu entendo, porque houve uma época em que fui essa pessoa. Fui esse cara que atendia o telefone com uma voz diferente quando não sabia quem estava ligando. Seria uma ex-namorada (ou o namorado de uma ex-namorada)?

GESTÃO DE PERCEPÇÃO & AUTENTICIDADE

Hoje, eu me libertei disso de uma forma que nunca imaginei ser possível porque posso dizer, "Ei, não há nada na minha vida que tenho receio de ser descoberto". Ainda me surpreendo ao pensar que, nos últimos 15 anos, cheguei a um lugar em que posso dizer às pessoas ao meu redor, "Vocês são bem-vindos para explorar ou inspecionar qualquer aspecto de minha vida. Todos que me conhecerem serão bem-vindos para olhar meu celular, meu computador, meu histórico de pesquisas e meu e-mail. Vocês estão livres para me perguntar qualquer coisa que queiram saber".

Não há nada a esconder, portanto, fiquem livres para entrar na luz.

1João 1:7–9 diz,

> *Se, porém, andamos na luz, como Ele está na luz, temos co-munhão uns com os outros, e o sangue de Jesus, Seu Filho, nos purifica de todo pecado.*

> *Se afirmarmos que estamos sem pecado, enganamo-nos a nós mesmos, e a verdade não está em nós.*

> *Se confessarmos os nossos pecados, Ele é fiel e justo para perdoar os nossos pecados e nos purificar de toda injustiça.*

Você não precisa mais se esconder. Você pode caminhar na luz e encontrar a mesma liberdade que eu tenho.

Três Perguntas Úteis

Se aprendi algo a meu respeito, desde que me tornei um cren-te, é isto: se depender da carne, se reprimir o Espírito, sou capaz de todos os tipos de atos terríveis. Não há apresentação, não há gesto, não há farsa; sou capaz de todas as coisas (e você também). Eu disse em nossa igreja recentemente que, se eles soubessem tudo o que passava em minha mente em determinada semana,

POR QUE FAÇO O QUE NÃO QUERO FAZER?

não me deixariam pregar. Mas o espantoso é que, mesmo que todos pensem as coisas mais loucas, ainda temos a permissão de adorar um bom e santo Deus que muda as nossas vidas.

Uma parte de minha proteção é o comprometimento com a transparência e autenticidade absolutas, e isso só ocorre em comunidade com outros crentes. Veja como encaro isso. Todas as quintas-feiras pela manhã eu me reúno com as pessoas do meu pequeno grupo na igreja e trabalhamos estas três perguntas.

- "Como você alimentou a sua alma?" É aqui que dizemos: "Estes são os podcasts que ouvi. Isto é o que li nas Escrituras. Este é o livro que estou lendo e isso é como Deus o usou para incentivar meu afeto por Ele nessa temporada."
- "Como você alimentou os outros?" Essa é a chance de compartilhar as conversas que temos centradas em Jesus. Podemos contar com quem compartilhamos o Evangelho e sobre as oportunidades de agirmos em nossa jornada de crescimento espiritual que aproveitamos (ou as que perdemos).
- "Como alimentamos a nossa carne?" Essa é a oportunidade para uma confissão sincera do pecado em que podemos dizer: "Aqui eu agi como se não estivesse honrando a Deus. Era eu agindo conforme a minha carne." Fazer isso é humilhante, o que produz humildade. Também não é divertido, mas nos dá vida.

Serei franco sobre essas três perguntas: nem sempre gosto de respondê-las. Pedi à nossa igreja que as respondesse em todos os nossos pequenos grupos, não porque acho divertido respondê-las, mas porque acho que são uma ferramenta útil para identificar padrões em nossa vida. Não é a única forma, mas é eficiente, e me ajudou a crescer em meu relacionamento com Deus. Responder a essas três perguntas regularmente, semana após semana, tenha ela sido ótima ou terrível, ajudou-me a viver com transparência. Também ajudou as pessoas próximas a mim a identificar padrões em meu coração que precisavam ser corrigidos.

Se me criticam, é porque deixo as pessoas em minha vida verem tudo. Em minha mente, perdi o direito à privacidade e estou comprometido com isso. Eu disse a todos que, se paro de confessar os pecados e de ser transparente, devem pressupor que estou escondendo algo.

Quando você está preso no pecado, imagine-se em uma jaula. A porta está trancada e, ao olhar em volta, você também vê muitos outros presos em jaulas. Mas, pelo Evangelho, Jesus vem e a abre. Ele deixa a porta aberta e o convida a sair. Quando você sai da jaula que o aprisionou, Ele lhe entrega a chave, que é a sua história. Sempre que compartilhamos nossa história e contamos do que Deus nos salvou, nosso pecado perde força em nós e, muitas vezes, outros são libertos de suas jaulas. Não se envergonhe de sua história. Não a esconda. Use a história da qual Deus o salvou com sua bondade para sair livremente e convidar outros a fazer o mesmo.

TRÊS PERGUNTAS PARA FAZER A SI MESMO

1. Como você luta com a gestão da percepção em sua vida?
2. Quem conhece seu "verdadeiro eu"? Qual é o maior obstáculo que o impede de viver com autenticidade?
3. Que passo você pode dar hoje para crescer em autenticidade?

.7.
DIREITO & GRATIDÃO

Muitas vezes, conto que tenho 1,99 m de altura (agora vocês já sabem), o que reconheço ser acima da altura normal. O que me dizem sempre quando me procuram após uma palestra é, "Puxa, não percebi o quanto você é alto", como se eu estivesse mentindo o tempo todo. Há coisas nada divertidas sobre ter essa altura. Claro, há os benefícios. Mas, certamente, há aspectos negativos. Sentar-se no banco de trás de 90% dos carros, por exemplo. Se você acaba no assento de elevação, parece um idiota, então secretamente desejo que os demais passageiros se deem conta de que estão na companhia de alguém estranhamente alto.

Adoro viajar, mas não gosto de certas companhias aéreas porque não há espaço suficiente para as pernas. Algumas empresas têm poltronas para pessoas com altura máxima de 1,90 m, o que significa que tenho que achar um jeito de viajar encolhido durante todo o voo. Alguns anos atrás, viajei de Seattle para Dallas na classe econômica, como sempre. Eu estava a cerca de seis fileiras atrás da antepara, onde fica a primeira fileira. Seus assentos sempre têm um pouco mais de espaço, quase como a fileira de saída. Quando se tem o meu tamanho, é lá que você quer estar. Para uma pessoa alta, sentar ali é o equivalente a ganhar na loteria. Quando atingimos a altura de cruzeiro de 9 mil metros, ouvi o conhecido "ding!", indicando que haviam desligado as luzes do cinto de segurança e que tínhamos liberdade de andar pela cabine. E vi que toda a fileira após a antepara estava vazia — não havia ninguém ali. Aquilo me pareceu uma graça, um presente de Deus.

Comecei a arquitetar um plano para sair do aperto no minúsculo assento no meio do céu. Decidi que iria até a frente e falaria com o comissário de bordo. Levantei-me (para que ele visse como eu era alto), andei até a frente e disse, "Olá, senhor. Se estiver tudo bem, vou me sentar em uma dessas poltronas vazias. Veja, não tem ninguém aqui". Ele me interrompeu antes mesmo de eu terminar. Ele disse, "Senhor, todos devem se sentar nos assentos designados". Isso não fazia sentido. Estávamos atravessando o país e *toda aquela fileira* continuaria vazia. Não entendi por que ele estava tão ansioso, e eu *realmente* não gosto quando as coisas não fazem sentido. Mas eu não seria um daqueles passageiros desordeiros que acabam no noticiário (eu imaginei a manchete "Pastor Preso e Expulso do Avião").

Abaixei a cabeça e voltei ao meu lugar, constrangido. Mas veja só! Menos de dez minutos depois, outro comissário acompanhou uma pessoa à fileira vazia e disse, "Isso, sente-se aqui. Assim terá mais espaço para as pernas". O sujeito tinha, no máximo, 1,88 m. Sentado ali, pensei, "Isso não é justo! Fui menosprezado". Eu tinha que me certificar de que os outros passageiros tinham visto a injustiça. Eu era a vítima! Eles me trataram mal. E então comecei a pensar em todas as maneiras pelas quais tinha sido posto de lado. Eu estava em uma situação infeliz e sentia que tinha direito a uma resposta lógica. Eu merecia uma explicação. E senti ter o direito de ficar frustrado por não conseguir o que queria.

DIREITO & GRATIDÃO

Eis o problema com minha lógica naquele avião: eu me encontrava em um tubo de metal com mais de 100 pessoas, voando a mais de 900 km por hora, levando a mim e minha bagagem para casa, a mais de 3 mil quilômetros de distância. Nesse tubo eu podia verificar meu e-mail, enviar mensagens aos amigos e assistir a filmes. Havia pessoas para me servir e me dar amendoins, refrigerantes etc. e tal, de graça e, nessa situação, encontrei algo de que me queixar. Encontrei algo para ficar frustrado — e com base em coisas que eu achava ter direito. Entenda, o direito é só uma versão mais limitada e focada do pecado do orgulho. Direito é o que ocorre quando o orgulho e o conforto se combinam. É sobre coisas que achamos que nos devem — que achamos merecer.

Na realidade, eu estava no assento pelo qual paguei e fiquei zangado por não me darem mais do que eu havia pagado.

As Coisas às Quais Achamos Ter Direito

Achamos ter direito a muito mais do que temos: conforto, moradia, saúde, alimento, dinheiro, segurança, um cônjuge e muitas coisas mais no dia a dia. Criamos todos os tipos de expectativas, e quase ninguém se dá conta disso. Então vou lhe mostrar um jeito certeiro de saber, pelo resto da vida, a que você acha que tem direito: pergunte-se, *de que eu me queixo?*

Do que quer que seja que você se queixe, é a isso que acha ter direito. Quanto mais você reclama, mais direito você tem. Esses dois fatos andam lado a lado. Faça uma lista de tudo de que se queixou na última semana. Se parece assustador demais, faça uma lista de tudo de que se queixou nas últimas 48 horas. Em qualquer coisa que lhe venha à mente, há pelo menos *algum* nível de direito envolvido.

POR QUE FAÇO O QUE NÃO QUERO FAZER?

Não há melhor forma de saber sobre o que as pessoas se queixam do que o app NextDoor [conteúdo em inglês]. Se você não o conhece, saiba que é muito divertido. Você vê queixas sobre cachorros que latem, igrejas soltando fogos de artifício, alguém que não cortou a grama ou que deixou a lata de lixo na rua. Há sempre um lince em algum lugar; todo mundo vê linces. Com todos esses linces à solta, é preciso tomar cuidado ao sair! O supermercado está muito lotado, a vizinhança mudou demais desde que se mudaram para ela e a conta de água está muito alta. Se você quer saber a que as pessoas sentem ter direito, passe algum tempo no NextDoor.

Alguns de você estão lendo isso e pensam: "É, mas há algumas coisas das quais devemos nos queixar." Tentamos encontrar justificativas ou ser racionais, mas, sejamos francos, todos que se queixam consideram suas queixas justificadas. Eu só estou lhe dizendo que suas queixas indicarão as coisas às quais sente ter direito. O desafio do direito é que grande parte dele se refere simplesmente ao ar que respiramos. Estamos tão envolvidos nisso e tão longe de onde deveríamos estar que, se tivéssemos que pintar um quadro do que tem que mudar, ele ficaria realmente assustador.

Vez ou outra, quando falo em uma faculdade ou um acampamento, haverá um curso de cordas. A maioria desses cursos que vi inclui algo chamado *leap of faith* [salto de fé, voto de confiança]. Se nunca viu um, você é basicamente preso a equipamentos de segurança, escala um poste e fica em pé no alto dele. Lá em cima, verá uma barra ao longe, à sua frente, e terá que pular até ela de onde está. Parece uma tarefa assustadora — como se você nunca conseguisse realizá-la. Em algum ponto do salto de fé, quando os garotos fazem isso, olham para baixo e se dão conta do quanto estão longe do solo. Eles ficam com medo e dizem: "Não consigo, preciso descer."

Hoje, estamos muito longe de onde precisamos estar. Temos tantos direitos que nadamos em um mar inteiro deles. Isso faz

DIREITO & GRATIDÃO

parte de nós de tal maneira que, quando começamos a ler as Escrituras, apenas corremos os olhos sobre as passagens porque pensamos: "Isso é muito alto para mim. Está longe demais." Quero desafiá-lo agora a olhar para baixo, constatar a que distância está e que distância precisa percorrer e se comprometer a saltar até a barra para a qual Jesus o está chamando.

Jesus & o Direito

Como já mencionei, Jesus falou com frequência por meio de parábolas a fim de ensinar aos que o rodeavam. Em Lucas 14, vemos Jesus indo à casa de um fariseu, o que é interessante porque achamos que eles são os caras maus. Eles não convidaram Jesus porque ele era divertido; eles o convidaram para testá-lo. Porque era o dia do Shabat, em que nenhum tipo de trabalho é permitido. Para testar Jesus, eles trouxeram um homem doente e o colocaram nas proximidades. Eles queriam ver se Jesus o curaria (dessa forma, quebrando o Shabat). Jesus, tomado pela compaixão, curou o homem.

Então, Ele começou a ver pessoas competindo por uma posição à mesa. Naqueles tempos, quando alguém oferecia uma festa, quem estivesse mais perto do anfitrião estaria em uma posição de honra. Aquele lugar tinha um significado. As pessoas chegavam cedo, colocavam sua Bíblia na cadeira, lambiam a faca ou qualquer coisa do tipo (suponho eu). Todos queriam a posição privilegiada. Ao ver isso, Jesus entrou no modo ensinamento.

> *Quando notou como os convidados escolhiam os lugares de honra à mesa, Jesus lhes contou esta parábola: "Quando alguém o convidar para um banquete de casamento, não ocupe o lugar de honra, pois pode ser que tenha sido convidado alguém de maior honra do que você. Se for assim, aquele que convidou os dois virá e lhe dirá:*

POR QUE FAÇO O QUE NÃO QUERO FAZER?

'Dê o lugar a este'. Então, humilhado, você precisará ocupar o lugar menos importante. Mas quando você for convidado, ocupe o lugar menos importante, de forma que, quando vier aquele que o convidou, diga-lhe: 'Amigo, passe para um lugar mais importante'. Então você será honrado na presença de todos os convidados. Pois todo o que se exalta será humilhado, e o que se humilha será exaltado" (Lucas 14:7–11).

O que devemos aprender com o que Jesus disse aqui? Que impacto essas palavras devem causar em nossa vida como cristãos? Veja, o direito, em seu nível mais básico, foca o que acreditamos *merecer*. O direito é um excesso de consciência do que nos é devido. Para os sujeitos nesta parábola, eles sentiam que mereciam o lugar de honra, como se fosse seu direito. Falamos muito sobre direitos que temos, mas, como cristãos, você e eu devemos usar o que quer que Deus, Criador soberano do Universo, nos entregou e servir as pessoas que nos cercam. Isso é cristianismo elementar. Quando você realmente vive a sua fé, começa a ver todas as coisas a que tem acesso pelas lentes de *Como posso usar isso para servir aos outros?*

Meu amigo Jim compreende isso melhor do que a maioria das pessoas que conheço. Eu costumava me reunir com ele e mais quatro pessoas todas as terças pela manhã. Era uma reunião de três horas e geralmente terminava com todos indo almoçar juntos. Nós nos amontoávamos em um Tahoe e um de nós — Jim — tinha 76 anos na época. Geralmente eu ficava com o banco da frente (como já contei, sou incrivelmente alto), porque, às vezes, as pessoas me dizem, "Ei, você vai na frente porque precisa de espaço para as pernas". (O espaço para as pernas existe também atrás, pois podemos empurrar o banco, mas isso é só um detalhe divertido. Não conte para ninguém.) E eu sempre tentava fazer Jim sentar-se na frente, mas quando eu conseguia me aproximar dele, ele

114

DIREITO & GRATIDÃO

já tinha entrado na terceira fileira. Ninguém quer se sentar na terceira fileira, mas ele sempre o fazia — todas as terças.

Comecei a pensar no assunto. *Jim sabe algo que eu não sei. É quase como se ele soubesse que vai se encontrar com Deus em breve, e está só armazenando tesouros no céu que poderá usufruir para todo o sempre.* A terceira fileira é desconfortável. Mas Jim entendia Filipenses 2:3: "Nada façam por ambição egoísta ou por vaidade, mas humildemente considerem os outros superiores a si mesmos."

Pessoas que se acham cheias de direitos não valorizam os outros mais do que a si mesmos. Elas não têm tempo, porque seu mundo gira em torno das próprias necessidades e confortos. Quer derrubar a sensação de direito? Fique desconfortável pelo bem dos outros. Não tenho uma solução simples ou cômoda para você. Mas eu sei que o desconforto derruba o direito. Pessoas com direitos se concentram no que lhes é devido. Como a pessoa mais velha entre nós, meu amigo Jim tinha direito ao banco da frente, mas ele usou seu direito para servir aos outros. Jim do banco de trás vence no final.

O Direito Leva ao Desapontamento

Outra coisa que aprendi sobre o direito é que ele sempre leva ao desapontamento. Sempre. Cada desapontamento que você já vivenciou vem de suas expectativas, e o direito é a forma de expectativa mais perigosa. Pense nisso: digamos que você trabalha em uma ótima empresa e seu chefe sempre foi generoso. Você não recebe um aumento de 3% todos os anos, você recebe 5%. Mas a empresa tem um ano financeiro difícil e seu chefe o chama e lhe diz que só poderá dar aumentos de 2% naquele ano. Meu palpite é que seu coração não vai estourar de gratidão. Na verdade, você provavelmente se sentirá menosprezado.

O direito é a plataforma mais alta da qual caímos, porque enquanto as expectativas dizem "eu espero", o direito diz "eu mereço". *Eu mereço uma promoção, eu mereço um casamento, eu mereço filhos saudáveis.* Se isso não ocorre, não é apenas uma expectativa que não se concretiza, é uma injustiça. É assim que as pessoas na parábola de Jesus se sentiram! Elas esperavam se sentar perto do anfitrião, mas tiveram que se sentar no fundo. Eles achavam ter o direito a um assento melhor *e* sentiram-se menosprezados. Pessoas com direitos ficam perpetuamente frustradas e nunca agradecem o que têm. Lembre-se: você não pode ser agradecido pelo que sente ter direito. Por esse motivo, pessoas com direitos são as menos agradecidas que você conhecerá.

Novamente, estamos muito longe de onde deveríamos estar. Quero ser transparente, e já faz algum tempo, desde que agradeci a Deus por me dar um teto sobre a cabeça ou uma cama em que dormir. Às vezes, meu pagamento entra na conta bancária e eu nem mesmo paro para dizer: "Obrigado, Deus, pelo trabalho que amo e que me permite sustentar minha família." Eu só espero que o dinheiro esteja lá como mágica, no dia 1º e 15 de cada mês. Minha geladeira está abastecida com comida para semanas. Se ficássemos presos em casa por um mês, sobreviveríamos. Nunca penso em agradecer a Deus por isso — nem uma vez sequer.

Você consegue se imaginar tentando descrever a sua vida para o seu tatara-tatara-tataravô? Digamos que ele aparecesse por um passe de mágica e tivesse alguns minutos para perguntar como vai a sua vida. Ali está você; você lhe oferece uma xícara de chá, sentado perto da lareira, e ele pergunta: "Como você consegue água? Quanto você tem que andar?"

"Bem, eu só vou até a cozinha ou, se quiser ir ao banheiro, também posso ir até lá."

"Espere aí. A água vem até a sua casa?"

"Sim."

"E como você a aquece?"

"Temos torneiras e coisas desse tipo. Se abrir a torneira de água quente, você tem água quente."

"Como ela fica quente? Você precisa acender uma fogueira na sua casa?"

"Sim, nós temos uma lareira. Mas é só para enfeitar. Às vezes nos sentamos perto dela, quando está frio, mas realmente não precisamos do fogo. Sabe, temos um aquecedor de água."

"Ah, então a água quente o mantém aquecido quando está frio?"

"Não, ele só aquece a água. Nós temos aquecimento central com um termostato."

"O que é um termostato?"

"É essa coisa na parede que regula a temperatura que queremos aqui dentro. Eu o controlo a partir do meu telefone."

"Espere aí, o quê? Então você mantém sua comida fria com o termostato?"

"Não, nós temos essa outra caixa. Chama-se geladeira, e colocamos a comida lá dentro. É diferente, porque seria desconfortável demais se ficasse tão frio na casa."

"Você mantém os cavalos aquecidos com o termostato?"

"Não, não gostamos muito de cavalos."

"Burros?"

"Também não. Nós temos carros."

"O que é um carro?"

"É um veículo motorizado que nos leva aos lugares."

"Então, onde você guarda o carro?"

"Na garagem."

"O que é uma garagem?"

"É parecido com uma casa, mas é para o carro."

"Espere aí, você tem uma casa para o seu carro?"

Pense em como isso parece louco! Você e eu temos muito a agradecer. Mas sabe por que não somos agradecidos? Nossa abundância matou nossa gratidão.

Você não precisa se sentir mal por ter muito. Todas as coisas boas vêm de Deus. Você precisa se arrepender por não ser agradecido. Se Deus lhe confiou muitas coisas, isso é fantástico — nunca deixe de ser agradecido! Você pode pedir a Ele que tome qualquer coisa pela qual não esteja grato, pois não pode ser agradecido pelas coisas às quais sente ter direito.

Pessoas Agradecidas Vencem

Quero lhe contar um pequeno segredo que descobri depois de quase duas décadas no ministério vocacional: pessoas agradecidas sempre vencem. E mais, pessoas que se sentem no direito sempre perdem (e, com frequência, muitas coisas, não poucas). Elas não podem ser agradecidas por nada. Elas sempre esperam mais. Por outro lado, pessoas agradecidas vivem livres de direitos. Elas são capazes de comemorar as vitórias dos outros sem se sentir perdedoras. Essas são as pessoas que mantêm uma equipe ou um grupo junto só porque estão agradecidas por acompanhá-las na jornada (sem se preocupar aonde irão se sentar). Sua perspectiva mudou, e elas têm em mente uma visão eterna, em vez de se preocupar com o aqui e o agora.

DIREITO & GRATIDÃO

Veja, o Evangelho acaba com o direito. Se entendermos bem o que Jesus fez por nós, entenderemos que por nossas ações merecemos o inferno e a separação eterna de Deus. É a isso que temos *direito*. Mas devido ao sacrifício de Jesus por nós, recebemos algo que não merecemos e a que não temos direito. O Evangelho é a história do Rei do Universo, o Criador de todas as coisas, se tornando um servo e se humilhando a ponto de morrer na cruz.

Certa vez fiz uma viagem a Ruanda, onde íamos treinar alguns pastores e funcionários do governo sobre resolução de conflitos. Demos aulas durante quatro dias em um "centro de conferências" que, na verdade, era um pátio ao ar livre. No primeiro dia, percebemos enormes diferenças entre os funcionários do governo e os pastores. Os funcionários chegavam todas as manhãs em ternos bem feitos, sapatos lustrosos ou vestidos leves e elegantes. Os pastores chegavam descalços, com buracos nos paletós grandes demais presos ao corpo por cintos. À medida que a semana passou, dois indivíduos em especial se destacaram.

Uma das mulheres sempre usava um vestido realmente vistoso, colorido e esvoaçante com uma cauda, e também sempre usava um chapéu elaborado. Não consegui descobrir quem ela era ou porque era tão importante, mas estava claro para todos no local que se tratava de alguém especial. Alguém lhe guardava um lugar na primeira fila todas as manhãs. Seus chapéus eram feitos de penas e eram tão altos que bloqueavam a visão de todos atrás dela. Quando estava quente (e sempre estava), ela pedia a alguém que aliviasse o calor com um leque. Ela era uma diva. Não sei outra palavra para descrevê-la. Quem quer que ela fosse, qualquer que fosse seu título, estava claro que sua posição subiu-lhe um pouco à cabeça.

Outra pessoa que notei foi um pastor que era apenas um empregado; ele era a alegria em pessoa e era muito gentil. Eu o observei servindo a todos ao redor, todos os dias. Ele deixava que todos se sentassem primeiro, e então ficava com o lugar menos desejável (exatamente atrás da senhora com o chapéu de penas). Embora sua visão fosse obstruída diariamente, ele prestava muita atenção e tomava notas. Sua postura revelava tudo que se precisava saber sobre ele.

No último dia, fizemos uma ilustração sobre administração, ensinando o princípio de que devemos destinar o dinheiro para onde Ele quer que vá. Sorteamos o nome de uma pessoa aleatoriamente para ganhar dois envelopes. Tudo que eles sabiam era que um envelope continha o salário de mais de uma semana. Todos sabiam que havia muito dinheiro em jogo, embora não soubessem quanto. Sorteamos o nome e, exatamente segundo a soberania de Deus, era o nome da senhora com o chapéu de penas. Então lhe demos os dois envelopes.

Todos aplaudiram. Essa senhora aproveitou a situação ao máximo; ela era a perfeita vencedora. Ela se levantou, curvou-se, aceitou os aplausos (tudo por um sorteio ao acaso). Ela abriu o primeiro envelope, que continha o dinheiro. Era mais do que esperavam. Todo mundo estava ficando louco, e ela apenas sorria, radiante, tipo, "Ei, eu consegui!" Então ela abriu o segundo envelope. Ele dizia, "Dê-o à pessoa atrás de você". Nunca vi uma ilustração funcionar com maior perfeição. Nenhum de nós acreditou. O pastor tentou não aceitar o dinheiro (é claro) e apenas baixou a cabeça. Ela ficou em choque por ter que dá-lo ao rapaz. Tudo aconteceu conforme o plano de Deus.

Escute, eu não sei como será o cálculo final, mas acredito de todo o coração que há pessoas construindo palácios na terra para entregá-los aos servos de Deus na eternidade. Naquele momento em Ruanda, aprendi uma lição que nunca esquecerei. Por fim, Deus está no controle de quem recebe o quê, agora e para todo o sempre. Ele diz coisas como: "Os últimos serão primeiros" (Mateus 20:16), e agimos como se fosse uma metáfora abstrata. Mas eu acredito que Deus fala sério, e que pessoas agradecidas vencem.

Ação de Graças & Natal

Não são poucas as pesquisas da moderna psicologia sobre o impacto da gratidão em nosso bem-estar físico e mental. Esta é uma área da vida na qual a pesquisa científica está alcançando o que as Escrituras vêm nos dizendo há milhares de anos. Estudiosos de Harvard a UC Berkeley, e todos os lugares entre as duas colocaram o conceito da gratidão sob um microscópio para ver como ela impacta as pessoas.

Uma forma fácil de se avaliar é pensar em como você lida com o Dia de Ação de Graças e o Natal. Nos Estados Unidos, separamos esses dois dias do ano para desacelerar e sermos gratos. Um representa o maior fim de semana de compras do ano (Black Friday até Ciber Monday), e o outro gira em torno da troca de presentes. Deixamos o significado desses feriados serem sequestrado em algum ponto do caminho.

Mas e se, em vez disso, vivêssemos todos os dias como se fossem o Dia de Ação de Graças ou o Natal? E se nossa vida fosse centrada em dar graças a Deus por tudo o que Ele tem feito por nós e expressar nossa gratidão ao nosso Salvador? Há 24 salmos sobre dar graças ou gratidão (cerca de um a cada seis salmos). A gratidão deveria ser algo habitual, caso contrário, acabaremos sendo pessoas com direitos. Veja o que considero útil: todas as manhãs eu escrevo cinco coisas pelas quais sou grato naquele dia. É um gesto de disciplina que me obrigo a praticar da mesma forma que preciso ler a Bíblia ou orar com meus cartões de oração (leia *O Poder de uma Vida de Oração* para saber mais sobre o assunto).

As coisas pelas quais sou agradecido nem sempre são fantásticas — e acho que esse é o segredo. Às vezes, é uma verdade teológica, ou minha mulher, ou um colega de trabalho, ou o teto sobre a minha cabeça. Às vezes, é uma ótima refeição ou risadas com amigos. E se você fizer as contas, cinco itens por dia durante um ano somam quase duas mil coisas pelas quais ser agradecido em *cada ano*. Eu preciso dessa prática, pois sem ela vou ser levado em direção ao direito.

Outra coisa que eu faço (enquanto estou escrevendo este livro) é me abster de comprar coisas para mim neste ano. Como já mencionei, tento desistir de algo todos os anos como uma forma de disciplina e, neste ano, senti a convicção de que eu me entregava rapidamente a uma pequena terapia de compras (especialmente se visse um bom negócio). Apesar de serem poucas semanas no ano, isso começou a expor algo no meu coração sobre os direitos que eu achava ter.

Se não formos cuidadosos, criaremos um buraco em nosso evangelho. Mesmo os discípulos, que caminharam mais perto de Jesus durante seu tempo na terra, não o entenderam. Sabe que pergunta faziam a Jesus com mais frequência? Não era sobre a coisa-de-transformar-água-em-vinho. Não foi como Ele levantou Lázaro dos mortos. Frequentemente perguntavam *qual deles era o melhor*. Perguntavam quem se sentaria à direita de Jesus em glória. Eles não entenderam toda a parte sobre aproveitar tudo que lhes era dado para servir aos que os cercavam. Porque foi isso que Jesus fez. Se não formos cuidadosos, arrancaremos essa parte desconfortável de nossa Bíblia e viveremos uma existência egoísta aqui na terra.

Essas duas práticas estão me tornando uma versão mais agradecida e com menos direitos de mim mesmo. Se você está procurando por onde começar, recomendo que você também as experimente.

TRÊS PERGUNTAS PARA FAZER A SI MESMO

1. Como você luta com o direito em sua vida?
2. Em cinco ou dez minutos, faça uma lista de todas as coisas de que se queixou na semana anterior. Isso lhe dará um vislumbre sobre o que você se sente no direito a ter. O que se destaca nesse exercício?
3. Que passo você pode dar hoje para crescer em gratidão?

.8.

TRABALHO & DESCANSO

Não sei sobre você, mas eu trabalho todos os dias de olho no calendário. Todos os dias, minha agenda se atualiza e me diz qual é o próximo compromisso, a que distância fica, quando preciso sair para chegar lá e outros detalhes relevantes. Eu só consigo me concentrar na tarefa seguinte, depois na próxima e assim por diante. Aprendi que trabalho melhor desse jeito, tornando o mês de janeiro um pouco complicado. Não sei como é seu ambiente de trabalho, mas, para mim, o início do ano é sinônimo de uma temporada movimentada. O ano novo começa, e eu sinto como se estivesse correndo o tempo todo. A cada janeiro, encontro-me no modo retiro. Temos o retiro dos funcionários, o retiro da equipe de liderança, o retiro dos idosos e então um retiro de planejamento de sermões em que mapeamos o ano inteiro. E não se deixe enganar pela palavra *retiro*, pois ninguém está em um retiro; tudo se trata do planejamento do ano que entra.

Minhas segundas-feiras começam com uma reunião da gerência na qual me reúno com as pessoas que se reportam diretamente a mim para planejar a semana seguinte e relatar o que ocorreu na semana anterior. É o momento da semana em que me sinto como um controlador de tráfego aéreo, e adoro. Certa segunda de manhã, eu estava me preparando para essa reunião. Cheguei cedo a um dos meus cafés preferidos, para pensar um pouco mais, e estava refletindo sobre a melhor maneira de encorajar nossa equipe neste novo ano. Eu sabia que bons líderes são grandes motivadores, e estava decidido a dedicar mais tempo a buscar ideias de como incentivar os que me cercavam. Comecei a pensar em cada pessoa com quem iria me encontrar e nas palavras de estímulo que lhes diria. Mas você sabe como as coisas são. No meio desse exercício, comecei a pensar em todas as coisas que precisávamos fazer.

Lembrei todas as coisas ocorridas no domingo anterior sobre as quais precisávamos conversar. Isso sem mencionar o fato de que tínhamos outro domingo logo ali. Os pensamentos inundavam minha mente enquanto me encontrava sentado na poltrona de couro gasto em um canto da cafeteria. Então me ocorreu o seguinte: "O trabalho é inimigo do encorajamento." Pense nisso — faz sentido, certo? Anotei o pensamento e esperei a equipe chegar.

Quando todos chegaram, comecei dizendo, "Ei, este é um pensamento que tive esta manhã e gostaria de dividi-lo com vocês: 'O trabalho é inimigo do encorajamento'". Esperei que pegassem seus celulares e postassem minha ideia matinal no Twitter, mas eles não o fizeram. Na verdade, alguém disse, "Pense em quantas coisas você pode acrescentar a essa frase".

"O que você quer dizer?" perguntei.

"Bem, o trabalho é inimigo do ___. Há muitas palavras que cabem aí." E assim fizemos esse exercício. Começamos a preencher esse espaço com diferentes palavras. Pense em como você terminaria essa frase: O trabalho é inimigo do _____.

A verdade é que poderíamos preencher o espaço de várias maneiras. O trabalho é inimigo da felicidade, porque nos rouba a alegria quando estamos ocupados fazendo outras coisas. O trabalho é inimigo dos relacionamentos, porque não podemos nos envolver profundamente com outras pessoas quando não temos condições de priorizá-las. O trabalho é inimigo da compaixão, porque não nos dá a oportunidade de parar e servir aos que nos cercam. Pense no seu caso. O que o trabalho está roubando de você?

Um Pecado Permitido

Adoro o que meu amigo disse. Suas palavras mostram o quanto somos influenciados pelo trabalho. É um desses pecados que deixamos entrar lentamente e se tornar tão dominantes que nem mesmo notamos a sua importância — e o tempo todo ele nos rouba a vida que Jesus quer que vivamos. Nós o aceitamos como um dom, como se não tivéssemos escolha, a não ser viver dessa forma. Ainda pior, usamos o trabalho como uma medalha de honra, como se aumentasse nossa importância.

Essa é uma questão que também parece impactar todas as gerações. Alunos universitários, jovens adultos, solteiros, recém-casados, famílias, solitários... todos parecem intencionalmente entrar na onda do trabalho. Todos temos uma quantidade limitada de tempo e todos temos a mesma quantidade de tempo. E a vida é realmente agitada. A família Pokluda tem três crianças na escola que praticam esportes, e só isso seria suficiente para ocupar a maioria de nossas noites. Adicione o trabalho, familiares, nosso pequeno grupo, amigos para encontrar, sermões para escrever e reuniões de que participar, e as horas da semana desaparecem muito depressa!

Porém, nem pense que estou tentando parecer importante, porque sei que todos vocês têm muito o que fazer. Eu sei, enquanto descrevo a minha vida, você está pensando na sua.

POR QUE FAÇO O QUE NÃO QUERO FAZER?

Isso, exercícios, tarefas, trabalho, estudo para o teste de admissão da faculdade, família, reparos na casa... Todos temos uma lista de tarefas a realizar percorrendo a nossa mente agora mesmo. Alguns de nós estão ansiosos, e eu entendo. De verdade. Todos estamos muito ocupados. Mas há uma realidade sombria que fica cada vez mais clara a cada ano que passa: eu não gosto de mim quando estou ocupado. Torno-me uma versão de mim mesmo nada interessante.

Tenho a impressão de que você também não gostaria muito de mim quando estou ocupado e, provavelmente, a recíproca é verdadeira. Quando estamos na correria, não damos a devida atenção às pessoas. Quando estou ocupado, a primeira coisa que perco é a gentileza. Depois, a capacidade de enxergar as coisas importantes. Posso estar fisicamente com você, mas minha mente está escrevendo um sermão, ou pensando onde preciso estar em seguida, e não sou um bom seguidor de Jesus com você nesse momento. Eu também perco a empatia. Não tenho tempo para me importar.

Mas o que perco mais é minha paz e alegria. Notei que adoto o papel de vítima. "Você não entende? Estou ocupado! Muito ocupado, mesmo! Você precisa entender que estou ocupado!" E me volto para fora e começo a me irritar com os outros porque sou vítima de meu próprio trabalho. Não é como se eu tivesse câncer ou alguma doença incurável. Eu apenas não administro bem o meu tempo. Eu só não disse não a algumas coisas. Coloquei-me nessa situação e agora a projeto em vocês.

Andy Crouch, um autor cristão, diz o seguinte sobre o trabalho:

> *Preciso dizer "não" a pedidos, muitas vezes ao dia. Quase sempre as pessoas são compreensivas. Muitas vezes elas dizem, "Sei que está muito ocupado". A verdade é que eu NÃO estou muito ocupado. Tento não ficar ocupado de jeito nenhum. Mas para que isso seja verdade, tenho que dizer "não" muitas, muitas vezes ao dia.*[1]

TRABALHO & DESCANSO

Precisamos nos disciplinar para dizer não a todo tipo de coisas — até mesmo às boas — porque o trabalho é a ferramenta que o inimigo usará para destruir sua intimidade com Jesus.

Um Conto de Duas Reações

A narrativa do Evangelho de Lucas ensina muito sobre o trabalho. Lucas era um médico com olho clínico para detalhes. Em Lucas 10, ele escreve sobre Jesus mandando 72 discípulos para pregar. Então, escreve sobre Ele contando a parábola do bom samaritano. Quando Jesus envia os discípulos para pregar, Ele lhes mostra que precisarão de um limite para fazer seu trabalho. Se pensar a respeito, o bom samaritano também é uma história sobre limite, certo? O sacerdote passa, o levita passa — há um homem ferido, deitado à beira da estrada, mas eles não têm tempo para cuidar dele. Então o samaritano vem e ganha o dia cuidando do ferido. Depois disso, lemos a história de Maria e Marta. Penso que Lucas tenta defender um ponto ao arranjar essas histórias dessa maneira.

> *Caminhando Jesus e os seus discípulos, chegaram a um povoado, onde certa mulher chamada Marta o recebeu em sua casa. Maria, sua irmã, ficou sentada aos pés do Senhor, ouvindo-lhe a palavra. Marta, porém, estava ocupada com muito serviço. E, aproximando-se d'Ele, perguntou: "Senhor, não te importas que minha irmã tenha me deixado sozinha com o serviço? Dize-lhe que me ajude!" Respondeu o Senhor: "Marta! Marta! Você está preocupada e inquieta com muitas coisas; todavia, apenas uma é necessária." Maria escolheu a boa parte, e esta não lhe será tirada (Lucas 10:38-42).*

Falemos sobre o que está acontecendo para não perdermos nada. Jesus chega ao povoado com os amigos. Marta está com eles. Seu eneagrama provavelmente é 1; Marta é proativa, perfeccionista, tem uma casa. Eles estão na casa de Marta, e ela perde o controle. (Tenho certeza de que é isso que os gregos dizem: "Perdeu o Controle.") O que quero dizer é que Marta tem todas as suas tarefas organizadas.

E lá está Maria. Maria é um eneagrama 4: artística, mais criativa, um espírito livre, talvez um pouco irreverente e descuidada. Maria é um tanto imprevisível. Ela fica na casa de Marta, pois esta tem tudo em ordem. E para as Martas do mundo, as Marias são irritantes, porque parece que têm liberdade para fazer tudo. Assim, quando Marta chega a Jesus e diz, "Diga-lhe, Jesus", e ele responde, "Ela fez o que é melhor", todos podemos sentir sua reação. *Ei, espere, o quê?*

Sei que todos gostam de falar sobre a bondade e compaixão de Jesus, mas Jesus apenas coloca Marta em seu lugar. Imagine a perfeccionista que tem tudo organizado dizendo, "Ei, estou tentando 'equilibrar' todos os pratos; por que não diz à minha irmã para me ajudar?" Agora, imagine Jesus respondendo, "Bem, na verdade, ela está fazendo algo melhor do que você". Deveríamos entender o peso dessas palavras. "Marta estava ocupada com muito serviço" (v. 40). *Ocupada*. Com Jesus bem diante dela, a mente de Marta estava em outro lugar.

O Trabalho lhe Rouba o Foco

Deixe-me contar o que ocorre em minha casa. Imagine que é hora do jantar. Preparamos uma refeição; ela está na mesa. Monica está ali, as crianças estão ali e todos nos sentamos. Então, é hora de rezar antes da refeição, e as crianças estão brigando para decidir quem vai orar. Esse exato momento é o perfeito retrato do cenário que você esperaria na sala de jantar do seu pastor. Tudo está certo no mundo, estamos prestes a comer e compartilhar uma refeição.

Ding! Ding!

TRABALHO & DESCANSO

É o meu telefone. Talvez seja uma mensagem direta, uma mensagem de texto, um e-mail — não sei o que é, mas alguém precisa de mim. "Por favor, passe as vagens — Ei, volto já, só vou dar uma olhada rápida no telefone." Vou dar uma olhada no telefone. Obviamente, é um smartphone. É um telefone ótimo, porque esse pequeno aparelho em minha mão repentinamente traz todas as preocupações do mundo para mim. E lá está uma mensagem. "Puxa! Que bom que olhei, porque era importante! Alguém precisa de mim...

Mas estou de volta com vocês, pessoal." Só que não estou de volta — estou distraído. Minha cabeça agora está em mil lugares diferentes porque esse pequeno "ding" ganhou a preferência em relação às pessoas à mesa comigo.

Quantas vezes fazemos isso com as pessoas que nos cercam? Talvez seja em uma reunião em que colocamos o telefone sobre a mesa para o caso de algo ser mais importante que a reunião. Nós o fazemos nos pequenos grupos. Nós o fazemos no jantar com os amigos e familiares. Nós nos abrimos à distração, e isso rouba nossa capacidade de estar totalmente presente com as pessoas mais próximas de nós. A distração é muito mais perigosa para a nossa caminhada com Jesus do que imaginamos.

Pense nisso: Quais são as coisas que somente você pode fazer? O que você é especialmente qualificado para fazer? Eu tenho algumas respostas. Antes de mais nada, você está encarregado de crescer no relacionamento com Jesus. No mundo da Igreja, não sei quantas vezes ouvi: "Eu não sinto que estou crescendo. Fico sentado no meu pequeno grupo e tenho a impressão de que isso não está me 'alimentando'". Ninguém está encarregado de como você se alimenta! Você é responsável por seu crescimento espiritual. Dependendo do estágio de sua vida, talvez eu possa acrescentar algumas coisas à sua lista. Ninguém mais pode ser a mãe e o pai de seus filhos. Ninguém mais pode ser o marido ou esposa de seu cônjuge. Essas são tarefas que só você está qualificado a cumprir, e, se algo lhe rouba o foco de viver esses aspectos de seu chamado, então precisa ser eliminado. Essas coisas alheias

O Trabalho lhe Rouba a Empatia

Preste atenção ao que Marta diz no versículo 40. "E, aproximando-se dele, perguntou: 'Senhor, não te importas que minha irmã tenha me deixado sozinha com o serviço?'" Ela está dizendo: "Jesus, você não se importa comigo? Dize que me ajude!" Marta é a vítima aqui. Maria está contra ela, Jesus está contra ela, ninguém está a favor dela e ela tenta carregar tudo sozinha. Ela responsabiliza a todos por seus problemas, porque o trabalho cria a mentalidade de vítima e o torna um mestre utilitário. Ou todos estão a seu favor, ou contra. Se eles podem ajudá-lo a realizar tudo o que está na sua lista de tarefas, ótimo! Caso contrário, eles estão desperdiçando o seu tempo. Não demorará e você verá as pessoas por essas lentes. "Se não me ajudar a fazer isso, então está contra mim." "Peça a ela que me ajude! Você não está do meu lado?" Você se desinteressa pelo que os outros estão fazendo porque vê as suas tarefas como mais importantes do que as deles.

Veja como você está absorto em si mesmo. "Não posso desacelerar para me concentrar nas suas necessidades, pois tenho as minhas." Empatia leva tempo, e corremos em um ritmo tão frenético que não *sobra* tempo. Nenhum. E por esse motivo acho que a história de Maria e Marta aparece logo em seguida à parábola do bom samaritano. O sacerdote corre para cumprir as tarefas religiosas. O levita tem coisas a fazer e lugares para estar. O samaritano praticamente tropeça no ferido, esquece suas tarefas e o ajuda, porque ele *entendeu*.

Somos escravos da ideia do "talvez não consigamos fazê-lo!". Bem, talvez não seja feito. E se "a coisa" (seja lá o que for) não for feita, mas você serve bem às pessoas ao seu redor, então tudo acabará bem. Se a sua capacidade de servir aos que o cercam é prejudicada pela própria produtividade, aceitamos a mentira de que nosso trabalho é uma medalha de honra associada à nossa importância. Vou lhe dizer algo com franqueza: "Estou ocupado" não quer dizer, absolutamente, "eu sou importante".

Em algum lugar de seu subconsciente você alimentou essa ideia de que se as pessoas souberem o quanto você é ocupado, vão achá-lo importante. Mas eis o que você realmente está dizendo quando fala coisas como "estou ocupado":

- "Não sei administrar meu tempo."
- "Tenho ___ anos de idade e não aprendi a dizer não."
- "Sou escravo do que os outros pensam sobre mim e não quero desapontar ninguém."
- "Estou à beira de um colapso mental porque não aguento mais fazer isso."

Talvez você esteja dizendo qualquer uma dessas coisas, mas certamente não está dizendo que é mais importante do que qualquer outra pessoa.

O Trabalho lhe Rouba a Paz & a Alegria

Agora, veja novamente o que Jesus diz a Marta no versículo 41: "Marta! Marta! Você está preocupada e inquieta com muitas coisas." É isso que Jesus nota sobre Marta. O trabalho lhe roubou a paz e a alegria. Jesus, literalmente o Filho de Deus, está em sua presença e ela está preocupada e aborrecida porque deixou o trabalho vencer.

E se tudo não puder ser feito? O que acontecerá? Pense em todos "e se" de sua realidade atual. E se você não finalizar a tarefa? E se a casa não for limpa? E se as crianças não forem apanhadas no treino na hora?

POR QUE FAÇO O QUE NÃO QUERO FAZER?

E se? A melhor coisa que você pode fazer com essa pergunta é respondê-la. Isso realmente desarma o inimigo. E se a casa não for limpa? Então você tem uma casa bagunçada. E se as crianças não forem apanhadas no treino na hora? Então elas esperarão mais 15 minutos. Talvez todos entrem em seus carros e falem sobre que pai horrível você é; talvez alguém ligue para o Conselho Tutelar e diga, "Cara, você não vai acreditar. Eles chagaram 15 minutos atrasados para pegar os filhos hoje".

O Natal está chegando, e se os enfeites não forem colocados ou as meias não forem penduradas? Todos irão à sua casa e lá estará você, enfeitando a árvore. E se você não terminar? Eles podem fazer com que você fique parada diante da lareira e se revezar tirando uma de sua cara e dizendo como você é ridícula. Isto é, imagino que essa seria uma história incrível. Provavelmente primeira página no jornal local. Algum jornalista dirá: "Todos iam à sua casa. Ela sabia disso. Ela estava enfeitando a árvore — mas não terminou. Ela não é ridícula?"

Pense sobre o que nós fizemos. Como chegamos tão longe de onde deveríamos estar? Priorizamos tantas coisas erradas e deixamos o inimigo roubar nossa alegria nesse processo.

O Problema Não é o Limite

A vida é inerentemente movimentada, e caso você esteja em um ponto em que estar ocupado o frustra, então está se preparando para viver uma vida de frustração. Pergunte a qualquer pessoa que esteja um ou dois estágios à sua frente — ela só fica cada vez mais ocupada por um longo período. Geralmente, você acumulará mais responsabilidades à medida que a vida segue. Se você resiste à realidade das responsabilidades, só encontrará problemas.

O mundo tem inúmeras soluções para esse problema universal. Se você entrar em qualquer livraria, local ou de

TRABALHO & DESCANSO

uma rede, nova ou velha, encontrará uma seção de autoajuda. São títulos após títulos de muitos livros que lhe darão os recursos para levar uma vida melhor. Na verdade, existe uma palavra com a qual você sempre se deparará. Se você disser "Bom, minha programação está lotada", eles dirão, "Ora, você só precisa de alguma _____". Se você disser: "Cara, nem consigo respirar. Sempre tem algo para fazer", eles dirão, "Bom, você só precisa criar _____ na sua programação". Você sabe com que palavra preencher o espaço? Eu já disse no início do capítulo. *Limite.* "Você só precisa de *limite.* Crie algum *limite.* Tudo de que você precisa é *limite.* A solução em seu trabalho é o *limite*!" Ele é tratado como uma solução de "tamanho único", que serve em todas as circunstâncias do seu problema de trabalho.

Mas deixe-me dizer uma coisa: o limite não é algo ruim, e eles não estão errados no sentido de que um limite pode ser realmente útil quando a vida lhe prepara uma situação inesperada. Quando o seu dia está tranquilo e surge um problema, é muito útil poder mudar toda a sua agenda e sua energia para solucioná-lo. Nessa situação, um limite é útil. Já determinamos que Jesus nos ensina que o limite é necessário para fazer esse trabalho por meio da história do bom samaritano.

O problema é que criar uma vida inteira com limites não é algo sustentável, porque sempre acontecerão coisas que irão perturbar sua agenda. Gostaria de propor uma palavra bíblica diferente mostrada na passagem sobre Maria e Marta: *priorização.* Devemos avaliar sempre quais são nossas prioridades e em que ordem as colocar. Você precisa descobrir, agora mesmo, o que não é negociável. O que você não pode adiar? Dessa forma, quando surgirem os problemas (e eles virão), você saberá com facilidade o que merece qual porcentagem de sua atenção e foco. Talvez você considere essa uma visão idealista, mas as pessoas têm praticado a priorização há muito tempo e conseguem obter resultados. Martinho Lutero, um dos gigantes teológicos responsáveis pela Reforma Protestante, disse certa vez: "Tenho tanto a fazer hoje que precisarei passar três horas em oração a fim de conseguir fazer tudo."[2]

Há algumas coisas que descobri serem verdadeiras ao longo dos anos, todas ao mesmo tempo. Uma, todos têm uma capacidade diferente, ou seja, diferentes pessoas conseguem suportar cargas de pesos diferentes. Duas, todos têm a mesma quantidade de horas no dia. E três, qualquer coisa que você coloque como prioridade acima de aprender com Jesus é uma péssima troca. Às vezes, acho que as pessoas querem acreditar nisso em teoria, mas quando chega a hora de colocá-la em prática, elas não têm a fé para *acreditar* nela.

Vejo pais não priorizando Jesus o tempo todo. Talvez você queira que seus filhos frequentem uma universidade da Ivy League, então você pega atalhos ao discipliná-los para o caminho em Jesus para terem uma melhor pontuação nos testes — e essa é uma troca desastrosamente ruim. Eles deixarão seu diploma de Harvard aos pés de Satanás. Ou você quer que seus filhos entrem para um esporte profissional — eles serão um entre milhares bons, terão uma carreira fantástica, ganharão muito dinheiro, e vocês se reunirão em frente à TV para assisti-los nos grandes jogos. Você o fará porque, embora os campeonatos caiam nos domingos, sabe que "Jesus é mais importante, mas tenho que fazer isso. Não controlamos a programação! Temos que melhorar você e colocá-lo nessa onda". É uma péssima substituição, e 100 anos no futuro, quando você estiver morto e tiver ido para o lado de Jesus, perceberá que troca terrível fez.

Você pode dizer que Jesus é mais importante, mas as pessoas saberão o que é realmente importante para você pelas coisas às quais diz não.

TRABALHO & DESCANSO

Uma Batalha por Nossas Almas

Há uma batalha em andamento por sua alma agora mesmo. Acredito que o inimigo adoraria que você levasse uma vida distraída, ocupada e esgotada. Falamos muito sobre esgotamento na igreja, mas acho que precisamos repensar esse conceito. Muitas vezes, pensamos que o esgotamento ocorre quando fazemos demais, mas possivelmente ele ocorre quando fazemos as coisas erradas *com nosso próprio esforço*. A meta não é simplesmente ter uma agenda vazia, mas priorizar as tarefas que Deus nos deu, com as motivações certas.

Aqui está um questionamento que considero útil: o que faz você amar mais a Deus? A beleza da pergunta está no fato de não haver uma resposta certa ou errada; todos podem responder de um jeito diferente. Alguns podem dizer que é ler a Bíblia, ou passar tempo na natureza, ou ler a Bíblia enquanto se está na natureza. Talvez para você seja discutir teologia com um amigo próximo enquanto toma um café. Talvez você goste de ligar seu CD gospel favorito enquanto toma um banho de espuma. Não me importa o que você "prefere", mas quero que descubra a sua resposta a essa pergunta. Quando descobrimos a resposta, ela reestrutura o *descanso* em nossa mente. Em vez de apenas relaxar e curtir o mais recente programa da Netflix, descobrimos que o descanso se torna uma oportunidade de fazer coisas que alimentam nosso afeto por Jesus. Fazer coisas que nos faz amar mais a Deus aumenta nosso amor e confiança n'Ele.

O rei Davi fala sobre o descanso que vem de nossa alma, encontrando confiança em Deus no Salmo 62:

> *A minha alma descansa somente em Deus; d'Ele vem a minha salvação.*
>
> *Somente Ele é a rocha que me salva; Ele é a minha torre segura! Jamais serei abalado!*
>
> *Até quando todos vocês atacarão um homem, que está como um muro inclinado, como uma cerca prestes a cair?*

Todo o propósito deles é derrubá-lo de sua posição elevada; eles se deliciam com mentiras. Com a boca abençoam, mas no íntimo amaldiçoam.

Descanse somente em Deus, ó, minha alma; d'Ele vem a minha esperança.

Somente Ele é a rocha que me salva; Ele é a minha torre alta! Não serei abalado!

A minha salvação e a minha honra de Deus dependem; Ele é a minha rocha firme, o meu refúgio.

Confiem n'Ele em todos os momentos, ó, povo; derramem diante d'Ele o coração, pois Ele é o nosso refúgio.

Os homens de origem humilde não passam de um sopro, os de origem importante não passam de mentira; pesados na balança, juntos não chegam ao peso de um sopro.

Não confiem na extorsão, nem ponham a esperança em bens roubados; se as suas riquezas aumentam, não ponham nelas o coração.

Uma vez Deus falou, duas vezes eu ouvi, que o poder pertence a Deus.

Contigo também, Senhor, está a fidelidade. É certo que retribuirás a cada um conforme o seu procedimento.

Na abertura deste salmo, Davi diz, "A minha alma descansa somente em Deus". Quando ouvimos a palavra descanso, nossa mente geralmente vislumbra o descanso físico. O que Davi descreve aqui é um pouco mais complexo. É o descanso que vem da confiança em quem Deus é e no que Ele fará. Por que a vida de Davi é marcada pela confiança em Deus? Porque ele viu Deus agir. Quando nossa alma confia em Deus, fica mais fácil para nós expirarmos.

No início deste salmo, Davi faz declarações sobre o caráter e a natureza de Deus. Ele chama Deus de sua fortaleza e salvação (v.2). Alguns versículos depois, ele descreve Deus

TRABALHO & DESCANSO

como seu refúgio (vv. 7-8). *Refúgio* não é uma palavra que usamos com frequência, mas raramente buscamos refúgio quando as coisas vão bem. E, muitas vezes, quando nossa vida está tumultuada, buscamos refúgio em qualquer coisa que nos ajude a escapar ou amortecer a dor. Em vez disso, Davi nos dá um exemplo de como chamar a dor e as dificuldades pelo que são, ao mesmo tempo em que as leva até Deus, dizendo: "Eis como me sinto, e apesar de todas essas coisas além de meu controle, você é meu refúgio." Então ele finaliza o salmo expressando sua confiança naquilo que Deus continuará a fazer no futuro, porque ele sabe o que Ele tem feito durante toda a sua vida.

Esta é a lição que também continuo a aprender em minha vida. Quando nos disciplinamos e nos dedicamos às coisas de Deus, nossa alma encontra descanso (e restauração) de uma forma que jamais imaginamos ser possível. Quando ficamos ocupados, ficamos autossuficientes e dependentes de nós mesmos. E quando ficamos dependentes de nós mesmos, a primeira coisa de que nos livramos são as disciplinas espirituais. E aqui vai meu anúncio de utilidade pública para todos: não cresceremos como seguidores de Jesus sem elas. Não acontecerá. Estou aqui para dizer que você não será a primeira pessoa na história do mundo a crescer como seguidor de Jesus sem a prática da disciplina. Nunca aconteceu, e não acontecerá com você.

Com o Jugo* de Jesus

Todas as sextas-feiras, posto uma série de questões aleatórias no Instagram sobre seguir Jesus. Certa semana, alguém me perguntou, "Você já pensou em deixar o cristianismo por

---

* Jugo é uma peça feita de madeira utilizada para unir dois bois, para andarem no mesmo compasso enquanto puxam um arado ou uma carroça. [N. da T.]

POR QUE FAÇO O QUE NÃO QUERO FAZER?

ser muito exaustivo?". Fiquei surpreendido com a pergunta e respondi, "Tem certeza de que é o cristianismo?" Por que aqui está o que li em Mateus 11:28–30:

> *Venham a mim, todos os que estão cansados e sobrecarregados, e eu lhes darei descanso. Tomem sobre vocês o meu jugo e aprendam de mim, pois sou manso e humilde de coração, e vocês encontrarão descanso para as suas almas. Pois o meu jugo é suave e o meu fardo é leve.*

É fácil que a mensagem de Jesus se perca aqui, pois poucos de nós somos fazendeiros e menos ainda têm usado um jugo (Obs.: há ótimos vídeos no YouTube explicando como os jugos funcionam, mas sei que este capítulo é sobre não perder tempo). As pessoas a quem Jesus estava se dirigindo decididamente entenderiam o que ele estava falando. Um jugo é muito diferente de um arreio; um arreio é usado para multiplicar a potência dos animais. Mas um jugo, na cultura de Jesus, era usado como uma ferramenta para treinar animais jovens a cumprirem suas tarefas e serem úteis ao dono. Essa diferença é muito importante. Você prende o jugo (feito de madeira) no pescoço de um animal mais velho e no de outro mais jovem. Quando o animal mais velho vira para a esquerda, o mais jovem faz o mesmo. Se o mais velho vira para a direita, o mesmo ocorre com o mais novo. Tudo que o animal mais velho e experiente faz, o jovem também faz. Ao se submeter ao animal mais velho, o mais jovem aprende a fazer o que é necessário. Jesus nos convida a ir até Ele para aprender.

Uma expressão útil, embora um tanto cafona, que ouvi sobre estar *ocupado* foi "Estar Sob o Jugo de Satanás". Satanás usará o trabalho para nos roubar a vida que Jesus pretende que levemos. A ideia de usar o jugo de Jesus em nossa vida, porém, deve nos inspirar a começar o dia com dinamismo todas as manhãs. Jesus nos convida, com todas as nossas cargas e bagagens e almas cansadas, a encontrar descanso n'Ele e aprender com Ele. Ele deixou o trabalho pesado na cruz.

140

TRABALHO & DESCANSO

Por meio d'Ele, você ganhou a vida eterna com Deus no Paraíso. Enquanto aguarda ansioso por esse dia, viva com isso em mente. Respire fundo. Comece o dia sabendo que Deus vence no final. Consiga tempo para não fazer nada além de refletir sobre essa realidade.

TRÊS PERGUNTAS A FAZER A SI MESMO

1. Como você luta com o trabalho em sua vida?

2. Qual é a diferença entre limite e priorização? Como seria para você preferir a priorização em vez de mais limite?

3. Que passo você pode dar hoje para conseguir descansar?

.9.
EMBRIAGUEZ & SOBRIEDADE

Eu cresci em uma fazenda. Não sou um cara chegado a fazendas. A maioria dos sábados de minha infância era passada com meu pai, em um trajeto de 30 minutos de caminhão para o campo onde ele mantinha o gado. Quando chegávamos lá, íamos de terreno em terreno seguindo a mesma rotina: eu abria as porteiras para que ele pudesse alimentar as vacas. Para ele, as vacas não eram animais de estimação; eram um meio de vida. Para mim, eram apenas algo que me roubava o sábado. Eu detestava cada minuto. Enquanto meus outros amigos brincavam, eu ajudava meu pai a alimentar as vacas. Minha função era abrir as porteiras e a dele, contar os animais e alimentá-los.

Na volta para casa, meu pai costumava parar no posto de gasolina do vilarejo, o que era minha oportunidade para comprar doces. Na minha opinião, era um pagamento injusto para um sábado perdido. Um sábado em especial, quando eu tinha 15 anos, meu pai não pode ir e mandou meu irmão mais velho em seu lugar. Como de hábito, abri as porteiras. Meu irmão alimentou e contou os animais. No caminho para casa, paramos no mesmo posto de gasolina. Ele entrou, e eu fiquei no caminhão de meu pai. Ele voltou com duas latas de cerveja. "Quer uma?", ele ofereceu.

Eu não sabia bem o que responder, então em um esforço de recusar e ainda manter um pouco de respeito do meu irmão, eu disse, "Ahn... eu não sei. Acho que não gosto de cerveja". "Você é quem sabe", ele disse, e abriu sua lata com um estalo e pôs a outra no porta-copos.

"Acho que vou experimentar", eu disse. Peguei a lata e tentei abri-la com a habilidade com que ele o fez. Foi a primeira cerveja da minha vida e, para falar a verdade, eu estava certo: eu não gostei. Era esse o gosto que ela deveria ter? Eu queria cuspir tudo no painel. O gosto era amargo, quase estragado. Eu me perguntei o que havia de errado com meu paladar, já que parecia que muitos adultos realmente gostavam dela. Ela não tinha o sabor doce de Coca ou Dr. Pepper de que eu gostava. *Por que alguém preferiria tomar cerveja em vez de refrigerantes?* pensei. Então aprendi o motivo. Depois de ter engolido a metade da lata, eu me senti diferente — relaxado e um pouco abobado. Meu irmão e eu não costumávamos conversar muito, mas agora estávamos falando. Ou, pelo menos, eu estava. E então uma coisa muito estranha aconteceu: o gosto da cerveja começou a melhorar.

Aquela não foi minha última cerveja. Quando passei para o último ano do ensino médio, meus amigos e eu sempre esperávamos pela próxima festa regada a cerveja. Era isso que fazíamos na nossa pequena cidade. Nós nos encontrávamos no pasto, longe da estrada, onde ninguém nos veria, e bebíamos. Às vezes, nos meses de inverno, acendíamos uma fogueira. Os caras com sistema de som no carro proporcionavam a música. Se não havia fogo, os faróis e a lua nos iluminavam e ficávamos apenas bebendo. Se eu quiser ser franco (e eu disse que seria), tenho lembranças realmente agradáveis desse tempo. Era muito divertido, mesmo que agora não pareça tanto. Imagine a conversa:

"O que vocês querem fazer?"

"Tenho uma ideia!"

"O quê?"

"Vamos dar uma volta no pasto, estacionar e beber até ter vontade de vomitar."

Eu entendo — isso não parece divertido. Mas era.

Eu acho que era divertido porque não nos sentíamos responsáveis pelo que fazíamos. Se trocássemos carícias com alguém, bom, não podíamos ser considerados responsáveis. Era como se outro espírito estivesse no controle. Acontece que é por isso que eles dizem que lojas de bebidas vendem "wines and spirits" [vinhos e espíritos]. Porque *é* outro espírito no controle. Embora você seja totalmente responsável por tudo que faz, não é você que está no controle. A Bíblia diz: "Não se embriaguem com vinho, que leva à libertinagem, mas deixem-se encher pelo Espírito" (Efésios 5:18). Essa Escritura apresenta uma dicotomia para os crentes: ou somos controlados pelo Espírito Santo, ou por algum outro espírito. O espírito da tequila, do vinho, do uísque, da cerveja ou outra bebida qualquer.

Fiz muitas coisas das quais me arrependo sob controle desses outros espíritos. Tive medo de uma gravidez indesejada, tive facas e revólveres apontados para mim, entrei em brigas, acabei algemado algumas vezes e até passei uma noite na cadeia, certa vez, tudo por causa desses outros espíritos e minha submissão a eles. Esta lista nem mesmo inclui as muitas vezes em que rezei para morrer enquanto abraçava um vaso sanitário nojento, coberto por meu vômito, com uma dor de cabeça lancinante a esperar na manhã seguinte. Não tenho certeza se isso valeu a "diversão".

Gostaria de ter parado no álcool. Depois daquele dia com meu irmão, busquei a fuga por meio de várias substâncias. Escute, não estou, de modo algum, criticando-o por aquela experiência. Tenho certeza de que a minha própria rebeldia me levou a procurar a bebida e as drogas em meus anos de jovem adulto.

Primeiro, fiquei "chapado" enquanto estava me divertindo com a irmã de um amigo. O THC da maconha me fez sentir como se estivesse sonhando. Ele pareceu me relaxar ao mesmo tempo em que me fez sentir paranoico. Sei que isso não faz sentido, mas foi assim.

Houve um período em minha vida em que eu fumava todos os dias. Isso é interessante, pois eu *realmente* nunca gostei. Todos os outros pareciam gostar, então eu achei que também devia. Aquilo me deixava faminto e com uma sensação de que estava desperdiçando minha vida. Na faculdade, experimentei ecstasy (também conhecido como MDMA ou "bala") pela primeira vez. Ele me fez sentir bem — e só. Havia uma sensação "boa" e intensa no momento. Depois, eu ficava em um estado de depressão por alguns dias. Era como se meu cérebro não tivesse mais serotonina e tivesse levado a alegria com ela. Também foi na faculdade que experimentei cocaína. Não a bebida açucarada, mas o tipo de cheirar. Por algum motivo, esse pareceu um próximo passo sério, mas aprendi que eu realmente gostava da sensação de euforia mais do que a de depressão. Ela me dava muita energia e eu me sentia invencível. Na manhã seguinte, eu acordava querendo mais, e isso me assustou. Lembro-me de pensar, "As pessoas entregam toda a vida delas para isso".

Identificando o Problema

Sei que é estranho um pastor confessar essas coisas nas páginas finais do seu livro. Minha intenção não é chocar, mas ajudar você. Talvez você nunca tenha cheirado cocaína ou experimentado maconha. Ótimo! Mas continuo surpreso com quantas pessoas alegam ser cristãs e acham normal ficarem embriagadas. É como se nos escondêssemos atrás da pergunta, "Onde, realmente, fica o limite?" E se não tivermos uma resposta clara para ela, sentimo-nos livres para atravessá-lo. Quero deixar claro: a Bíblia condena a embriaguez. Mas não acho que condene o álcool, de modo geral, como alguns pastores ensinam.

EMBRIAGUEZ & SOBRIEDADE

Eu acredito que o primeiro milagre de Jesus foi transformar água em vinho em João 2. Eu acredito que Jesus, Aquele que seguimos, tomou vinho na Última Ceia com seus discípulos. O limite que não devemos atravessar é ficar embriagado. Deixe-me ajudá-lo a definir isso: quando parece melhor oscilar do que ficar ereto, é provável que você esteja intoxicado. Quando você sente o corpo relaxar e começa a sentir tudo como efeito do álcool (quer você o chame de "bebedeira", "porre" ou "pra lá de Bagdá"), outra coisa está assumindo o controle, e não é o Espírito Santo.

Mesmo depois de todos esses anos seguindo Jesus, fico surpreso com quantos supostos cristãos dizem coisas como "preciso de um copo de vinho". Essas palavras indicam que estão usando uma substância para obter determinado efeito. É sobre isso que as Escrituras nos advertem. O Espírito Santo nos pede para ficarmos alerta e sóbrios (1Pedro 1:13; 4:7; 5:8). Este é o limite para ter em mente: fique sóbrio.

Quando você vai a um casamento e se pergunta se vai ter um open bar, talvez tenha um problema. Se você espera ansioso pela próxima vez em que possa relaxar com um drinque, talvez tenha um problema. Se esse é o seu caso, quero encorajá-lo a buscar ajuda. Se você está discutindo comigo enquanto lê isso e se perguntando por que fumar maconha é errado (sempre me perguntam isso), é porque o THC o deixa "alto" quase no mesmo instante. Alto ou bêbado é o outro lado do espectro da sobriedade. A sobriedade é o que as Escrituras nos pedem. Como crentes em Jesus Cristo, devemos permanecer sóbrios.

O álcool é uma droga, e drogas viciam. Fui orientador de milhares de jovens. Nenhum deles disse: "Eu quero ser alcoólatra quando crescer", mas muitos fizeram exatamente isso. O alcoolismo está na minha família. Eu o vi tirar *tudo* das pessoas. O inimigo não quer que fiquemos sob o controle do Espírito Santo. Ele faz tudo que pode para nos manter escravizados a qualquer substância. Toda semana me perguntam, "Como paro de beber?" ou "Como paro de fumar maconha?" Conheci pessoas que trocaram tudo de bom em suas vidas por mais uma dose de cristal, heroína ou alguma outra droga.

Não estou exagerando. Na verdade, essa questão é muito mais assustadora do que faço parecer aqui. Se você tem um problema, permita que isso seja um sinal de que você está procurando ajuda. O álcool pode ser uma desculpa para fazer coisas insensatas. Ele pode ser a sua fuga de um dia difícil. O problema é que você não dorme bem (isso foi provado), acorda grogue, talvez de ressaca, e todos os problemas ainda estarão lá. Por esse motivo, o alcoolismo muitas vezes o leva à depressão. Novamente, peça ajuda se precisar.

Vivendo com Sensatez

Embora a sobriedade seja o chamado das Escrituras, essa não é a única advertência sobre o álcool. Primeiro, nunca beba se isso for contra a lei. Isso significa que se você é menor de idade ou está em um lugar em que não seja permitido, não beba. Romanos 13 e outras Escrituras são claros a respeito. Muitos cristãos sabem que não devem beber perto de quem está em luta com o álcool. Isso é difícil, pois se você está em um bar, há uma boa chance de estar cercado por pessoas que estão nessa luta. Seja firme e ponderado aqui. Falei com muitos alcoólicos que ficam bem com pessoas bebendo perto deles. Contudo, todos preferiam que não estivessem. Como seguidor de Jesus, somos chamados a esquecer a nossa liberdade pelo bem dos outros. Romanos 14:13—23 nos ensina a não fazer com que outra pessoa caia em tentação por causa de como usamos nossa liberdade.

Estar atento a isso é honrar ao Senhor. Da mesma forma, 1Coríntios 8 nos ensina a não beber perto dos que acham isso errado. Tragicamente, tal coisa nem passa pela cabeça de muitos cristãos. Somos tentados a ficar aborrecidos se alguém parece legalista. Entretanto, as Escrituras nos pedem para deixar de lado nossa liberdade para que os outros não sejam tentados a nos julgar por nossas ações. Por fim, Provérbios 31:4 é uma advertência para que reis não bebam. Novamente, acho que isso ressalta a importância de fazer julgamentos com a mente sóbria. Em resumo, aqui estão as regras da Bíblia sobre o álcool:

1. Não beba se você é menor de idade ou se for ilegal (Romanos 13).
2. Não beba se for dependente (1Coríntios 6:12).
3. Não beba se está tentado a ficar embriagado (Efésios 5:18; 1Pedro 1:13).
4. Não beba perto dos que lutam com o álcool (Romanos 14:13–23).
5. Não beba perto dos que acreditam que é errado (1Coríntios 8).
6. Não beba se estiver para tomar decisões importantes (Provérbios 31:4).

Somos chamados a "'colocar' nossa mente nas coisas do alto" (Colossenses 3:2) e a "não nos amoldarmos ao padrão deste mundo, mas sermos transformados pela renovação da nossa mente" (Romanos 12:2). É uma batalha para nossa consciência. O Espírito quer controlar nossa mente, e Satanás quer impedir que ela seja controlada pelo Espírito. A embriaguez é uma estratégia essencial dele. Quando somos massacrados pelo mundo, muitas vezes tentamos escapar dele. Orações profundas e as Escrituras são sua melhor munição para suportar as tensões deste mundo. A meditação pode exigir mais trabalho do que tomar umas cervejas, mas também é mais saudável e honra melhor a Deus e não causa ressaca — só alegria.

O Pecado lhe Rouba a Criatividade

Quando me formei na faculdade e fui para Dallas, eu me mudei cinco vezes, sempre permanecendo a uma pequena distância do bairro dos clubes noturnos. Ali estava o meu coração. O álcool era uma parte muito importante de minha vida. Eu era um guerreiro dos fins de semana, alguém que vivia para eles, durante os quais eu criava lembranças desfocadas de encontros ao acaso, brigas de bar e amigos fazendo coisas idiotas, como o dia em que meu colega pulou no capô de um Porsche (PS.: Se o carro era seu, desculpe!).

Esse Porsche estava estacionado do lado de fora do clube. Era o mesmo clube em que eu estava quando alguém me convidou para ir à igreja. Eles me apanharam no dia seguinte, eu fui e experimentei a graça e o perdão de Jesus Cristo. Cheguei a esse lugar e pensei, "Se o Evangelho está certo — se eu morrer e ficar em algum lugar para sempre — devo viver para isso". Eu ia ao bar todos os finais de semana. O que era "tão divertido", agora parece ridículo. O pecado nos rouba a criatividade, e meus amigos e eu éramos um ótimo exemplo disso. Fazíamos sempre as mesmas coisas, com os mesmos resultados vazios.

Tem havido muitas campanhas contra as drogas. Ao longo dos anos, vi muitos comerciais diferentes advertindo sobre o perigo do uso de drogas. Um dos meus preferidos continha uma abordagem mais franca. Segundo me lembro, a cena era de alguns amigos fumando maconha, sentados em um sofá. Eles zombaram das advertências, e o primeiro sujeito disse algo como, "Nós fumamos maconha e não começamos a usar drogas mais pesadas". O outro disse, "É, não batemos o carro e não ferimos ninguém". Outro ainda acrescentou, "Não fomos detidos nem fomos para a cadeia". Então, em um momento de clareza, eles se deram conta de que a vida havia passado por eles — e eles não tinham feito nada. A maconha "inofensiva" havia-lhes

EMBRIAGUEZ & SOBRIEDADE

roubado a ambição. O desejo deles era apenas sentar no sofá e "chapar". Eles nunca amadureceram. Eles desperdiçaram a vida.

Quando Deus o salva, Ele o chama para um propósito. Há "boas obras" que ele preparou com antecedência para você realizar (Efésios 2:10). Deus não quer que você desperdice a sua vida. Ele não deseja que você escape deste mundo ficando "chapado"; ao contrário, Ele o chama para usar seus dons para redimir o mundo. Ele quer que você aproveite ao máximo cada oportunidade. Em Efésios 5:16, logo antes de exortar os crentes a não se embriagarem, Paulo diz, "Não se embriaguem com vinho, que leva à libertinagem, mas deixem-se encher pelo Espírito" (v. 18).

A embriaguez o ajuda a tirar o *mínimo* proveito de cada oportunidade. Literalmente, você desperdiça a sua vida. Você reúne um monte de memórias das quais não se lembra com clareza. Muitas pessoas me disseram, "Beber não é isso tudo". Ótimo! Se não é isso tudo, então simplesmente não o faça. Se você beber, faça-o pela glória de Deus. Viva como 1Coríntios 10:31 nos ensina a fazer: "Assim, quer vocês comam, bebam ou façam qualquer outra coisa, façam tudo para a glória de Deus."

Meu pai era um homem extraordinário. O melhor que posso fazer é compará-lo a um John Wayne moderno, mas divertido. Ele era sempre a alegria da festa. Tinha carisma e interagia com todos como ninguém. Era sempre o presidente de alguma coisa, fosse do Lion's Club, do clube de campo, da associação de pais e mestres ou qualquer outra instituição. As pessoas procuravam-no para liderar. Ele trabalhava duro. Ele nunca pareceu se incomodar em perder o sábado para o trabalho e sempre me levou com ele porque valorizava o tempo passado comigo.

Minha rebeldia não foi culpa dele, mas minha. Meus pais fizeram tudo para me levar até Jesus — uma base pela qual sempre serei grato. Quando eu tinha vinte e poucos anos, meu pai começou a ter vertigens muito graves. Ele tinha tonturas o tempo todo e parecia sofrer muito. Os médicos não conseguiram encontrar a causa, de modo que ele começou a se automedicar com álcool. Nunca o vi embriagado até o dia em que ele conheceu Monica (agora, minha mulher). Ele e minha mãe tinham ido passar as férias na praia e Monica e eu os encontramos lá para a grande apresentação. Ele se levantou para lhe dar um abraço e caiu para trás na cadeira. Sinceramente, fiquei confuso demais para ficar envergonhado. Depois daquele dia, meu pai estava embriagado quase todas as noites. Ele não era um bêbado zangado. Ele apenas "apagava" em sua cadeira. O fato não exerceu um efeito significativo em mim, exceto quando dirigíamos seis horas para vê-lo. Chegávamos à noite, e ele estava sentado em sua cadeira com um burbom com água. Ele sempre era jovial. Ele fazia uma série de perguntas, e tornava a fazê-las no dia seguinte. Isso era frustrante para mim. Não porque tinha que respondê-las outra vez, mas porque sabia que ele não se lembrava das respostas porque estivera bebendo.

Em 2018, meu pai teve um ataque cardíaco. Isso não o matou, mas enquanto estava no hospital, ele sofreu de síndrome de abstinência do álcool. Quando a ambulância o levou do nosso pequeno hospital local para outro maior a uma hora e meia de distância, ele teve alucinações durante todo o trajeto. Ele me disse que nos via correndo atrás dele, perseguindo a ambulância. A síndrome quase o matou, e o assustou. O médico lhe disse que se voltasse a beber, morreria. Fui para casa e colei fotografias de nossa família, dos netos, nos dois armários onde ele guardava a bebida. O Senhor gentilmente permitiu que ficássemos com meu pai sóbrio um pouco mais de um ano. Nossos filhos adoravam seu "vô". Ele era generoso, animado e sempre sabia todas as respostas.

Em 2020, ele morreu logo depois de voltar a beber. Acho que o médico estava certo, embora seja difícil saber exatamente o que o matou. (Para que você tenha todas as informações, ele contraiu covid-19 na época. Ele também tinha fumado durante duas décadas e trocou o cigarro pela bebida nas duas décadas seguintes. Ele teve uma série de problemas de saúde.) Eu daria qualquer coisa para abrir outra porteira para meu pai em um sábado. Não foram dias perdidos, de jeito nenhum. Aqueles sábados são umas das minhas lembranças mais queridas.

O álcool nunca deixou ninguém mais saudável. Fumar qualquer coisa nunca tornou ninguém um melhor seguidor de Jesus. No início deste livro, eu lhe disse que não se pode abandonar um velho hábito; pode-se, apenas, substituí-lo por outro diferente. Eu o encorajo a substituir a embriaguez ou qualquer tipo de intoxicação por uma mente sóbria. "Então você poderá testar e aprovar o que é a vontade de Deus — sua boa, agradável e perfeita vontade" (Romanos 12:2).

TRÊS PERGUNTAS PARA FAZER A SI MESMO

1. Como você luta com a embriaguez em sua vida?
2. Em que ponto você estabeleceu o limite quando se trata de álcool (ou qualquer outra substância)? Com qual das seis regras listadas neste capítulo você se identifica mais?
3. Que passo você pode dar hoje para crescer em sobriedade?

. 10 .

CETICISMO & OTIMISMO

Por mais complexo e complicado que o mundo seja hoje, ainda é muito fácil dividir as pessoas em duas categorias diferentes. Mesmo enquanto você lê este livro, sabe que há dois tipos de pessoas. Há as que gostam de gatos e as que gostam de cachorros. Este é apenas um fato básico da experiência humana. As pessoas podem ser divididas com base em mais do que apenas sua escolha de animal favorito, seja um cão (correta) ou um gato (incorreta).

Vamos pensar em fast food. Há as pessoas do In-N-Out Burger e as do Whataburger*. Todas as pessoas "Texas para sempre" adoram o Whataburger. Se você está lendo isto em sua casa na Califórnia, provavelmente gosta do In-N-Out. Bom para você, Califórnia.

Mas a coisa não para por aqui! Há *dois* tipos de pessoas. Tudo se resume em como se pronuncia uma simples palavra: GIF**. É

---

* Duas redes de fast food norte-americanas, uma na costa oeste e a outra na costa leste. [N. da T.]
** Graphics Interchange Format - é um formato de imagem muito usado na Internet. [N. da T.]

uma discussão que abala famílias. É o seguinte: sei que alguns de você estão pensando: "Mas a sigla e a palavra começam com G, como em 'guia'". Mas o inventor da sigla diz que se pronuncia "jif", como em "jiló". Então, está resolvido, É *GIF* com som de *J*.

De fato, há dois tipos de pessoas. Existem as que limpam a caixa de entrada todos os dias. Elas não conseguem dormir se tiverem algum e-mail não lido ou não deletado. Aquelas bolinhas as deixam malucas. É preciso se livrar delas. E há aquelas com 3.596 e-mails (ou, no meu caso, 77.281). Se não respondi ao seu e-mail, um dia eu chego lá.

Todos esses exemplos até que são divertidos. Eles não são importantes, mas existem *mesmo* dois tipos de pessoas e acredito, do fundo do coração, que este exemplo *realmente* importa: alguns veem o copo meio cheio e outros o veem meio vazio. Você enxerga o mundo por meio dessas lentes. Mas, e daí? Sei o que está pensando. "Eu sou um tanto pessimista por natureza. Isso não é grande coisa. Sou só realista, e o restante das pessoas vive em um mundo de fantasia. Sou um pensador crítico." Mas isso *importa*, e estou convencido de que para Deus também.

Quero deixar isso claro: é fácil entender como chegamos a essa situação de ceticismo. A explosão dos smartphones, o surgimento das mídias sociais e a dependência de um ciclo de notícias 24/7 nos trouxe até aqui. Nós somos bombardeados com notícias negativas, questões polêmicas e debates polarizadores. Sentimo-nos pressionados a tomar partido (porque admitir que somos desinformados realmente não parece uma opção), e toda essa negatividade exerce um impacto sobre nosso cérebro e em como processamos as informações. Corremos para nossos telefones para escapar ao mundo e lá encontramos ainda mais negatividade. Ficamos presos em um círculo de ceticismo sem mesmo perceber.

CETICISMO & OTIMISMO

Debbie Downer

Se você é propenso ao ceticismo, sei que está cético agora. Garanto que não estou só lhe dizendo para ter pensamentos positivos e que tudo ficará ótimo. Essa não é uma visão muito convincente. Eu simplesmente não acredito que Deus deseje ou espere que você leve uma vida vendo o copo meio vazio.

Em 2003, *Saturday Night Live* apresentou uma nova personagem. A premissa era simples. Debbie (representada por Rachel Dratch) aparecia em diferentes cenários sociais, como um jantar no Disney World ou uma festa, e interrompia conversas com declarações, histórias ou fatos negativos (muitas vezes envolvendo a situação dos gatos, provando meu ponto inicial). Em todas as nove aparições de Debbie, ela foi acompanhada pelo efeito sonoro de um trombone triste após cada comentário. E todas as vezes, o elenco a sua volta esquecia seus personagens e caía na risada quando ela aparecia.

O que tornava Debbie engraçada não era só o trombone ou suas expressões faciais. Acho que Debbie era engraçada porque as pessoas se identificavam com ela. Infelizmente, todos conhecemos alguém como ela. Todos conhecemos pessoas que sempre mostrarão um aspecto negativo em um mar de coisas boas. Elas sempre lhe dizem por que algo é uma má ideia antes mesmo de você experimentá-la. Elas nunca esperam que a melhor das situações ocorra, sempre pensam no pior. Resumindo, essas pessoas sugam a energia de todo local em que estão. E não se espera que cristãos vivam desse jeito.

Antes de Deus me chamar para o ministério, como já mencionei, eu trabalhei para grandes empresas. Em um emprego, eu tinha um chefe que chamarei de Ken. Ken era a Debbie Downer da vida real. Ele tinha sido massacrado pelo mundo, o que o abalou de verdade. Carregava isso com ele para todos os lugares (principalmente o trabalho). Nas reuniões, Ken divulgava projeções, vendas e outros dados importantes e *sempre* tínhamos a impressão de estar perdendo. *Sempre* tínhamos a impressão de que toda a equipe seria despedida. *Sempre* sentíamos que a situação era catastrófica. Simplesmente era assim que a vida funcionava para Ken.

Toda vez que meu celular tocava, e eu via que era Ken, sentia um aperto no coração. Eu pensava, "Certo, foi bom enquanto durou, mas hoje vou ser despedido". E isso era exaustivo. No início de meu relacionamento profissional com Ken, eu tinha a impressão de que ele sempre estava tendo um dia ruim. Mas, com o passar do tempo, a visão enfadonha da vida de Ken começou a me afetar (e ao resto da equipe). É isso que o ceticismo faz; ele obscurece a sua visão a ponto de você não ver o mundo como ele realmente é, e isso é contagiante.

Vivendo Como o Irmão Mais Velho

Sejamos francos: é mais fácil viver com um espírito crítico. É mais fácil ceder ao ceticismo. Decidir encarar o mundo por meio da lente do otimismo pode parecer nadar rio acima — ou contra a corrente. Todos querem ter uma conversa negativa no bebedouro. Se for o seu caso, você fará amigos na mesma hora. Eles o deixarão entrar, sem questionar. Na verdade, eles o puxarão para dentro. Eles o empurrarão para baixo. Eles o levarão pelo rumo de nossa cultura.

É fácil deixar o ceticismo ou o espírito crítico se esgueirar para dentro de nossa vida sem percebermos. Falo por experiência própria, porque aconteceu comigo alguns anos atrás. Normalmente sou uma pessoa otimista. Eu sou um eneagrama 7, espontâneo, extrovertido, divertido. Tenho muitos defeitos, mas poucas pessoas me apontariam e diriam, "Esse cara é cético". Há alguns anos, tive um raro fim de semana de folga enquanto estava na cidade, mas não tinha nenhum compromisso no domingo de manhã, então estava animado para levar minha família à igreja e participar do culto como uma família "normal".

CETICISMO & OTIMISMO

Naquela manhã (imagine só), estávamos atrasados. Todos estavam se movendo devagar e em seu próprio ritmo, como se não tivéssemos nenhum lugar para ir logo mais. Quando finalmente entramos no carro, vimo-nos em meio ao trânsito! Ninguém pega trânsito no domingo de manhã, isso não acontece aos domingos. Mas naquele dia, a família Pokluda parou em todos os semáforos vermelhos entre a nossa casa e a igreja. Quando chegamos mais perto do destino, imaginei que havia ocorrido um acidente sério, porque os carros estavam estacionados ao longo da rua. O que estava acontecendo? Eram apenas muitas pessoas indo à igreja. Como estávamos atrasados, tínhamos poucas chances de encontrar um lugar para estacionar. Mas conseguimos! As coisas estavam começando a dar certo para nós.

Quando entramos no estacionamento, vimos alguns amigos membros do "Clube dos Quinze Minutos de Atraso", como nós, mas eles já tinham sobrevivido aos *Jogos Vorazes* do estacionamento e encontraram uma vaga. Porém, um membro da equipe nos conduziu ao ponto mais distante no canto mais longínquo do estacionamento. Você pode imaginar como estava meu humor naquele momento.

Eu estava levando uma criança em cada braço. Então percebemos que uma delas estava descalça, então todos voltamos para o carro. Depois derramei café na minha roupa. Nesse ponto, eu estava praticamente mancando no estacionamento coberto de filhos e café. No caminho, fui parado por alguém que queria orientação pastoral ali mesmo. Eu escutava enquanto andava e rezava enquanto me desviava de carros, equilibrava crianças e café. Então fui até o outro ponto de entrada para fazer outro filho entrar, mas me disseram "Sinto muito, mas não é possível. Hoje estamos lotados". Resisti à vontade de dizer, "Mas eu trabalho aqui". Parecia uma daquelas situações em que nos dizem: "Não temos quartos vagos na pousada." Eu me dei conta de que perderia o sermão.

Depois, tive que encontrar meus sogros, que estavam na cidade para nos visitar. Procurar duas pessoas em um mar de mi-

POR QUE FAÇO O QUE NÃO QUERO FAZER?

lhares é como um jogo malfeito de "Onde Está Wally?", então liguei para eles. Naturalmente, eles não atenderam nas primeiras vezes, mas quando finalmente o fizeram, eu perguntei, "Onde vocês estão?" Eles responderam, "Tomando um café". Humm. Havia pelo menos 15 lugares diferentes para tomar café, então pedi mais detalhes. Finalmente os encontrei e eles disseram, "Onde vamos sentar?" Como eu estava com uma criança no colo, teria que subir aos assentos mais distantes onde não perturbaríamos, então lá fomos nós. Mas não antes de eu ser parado por mais algumas pessoas querendo marcar uma reunião pastoral improvisada. Acabamos por chegar ao auditório e nos sentamos.

Naquele dia, havia um palestrante convidado. Ele estava exatamente começando a falar enquanto eu me ajeitava em meu lugar, e ouvi quando disse: "Nesta manhã falaremos sobre o filho pródigo." Eu pensei, *Ah, puxa vida, que tema comum! Conheço a história. Eu a ouvi milhares de vezes. É a parábola mais famosa já contada. Conheço meu papel. Sou o pródigo. Sou o cara da pornografia. Sou o cara das drogas. Sou o cara da bebida. Tudo confere. Cresci em um lar cristão. Saí. Não ia à igreja durante a faculdade. Voltei depois. O pródigo. Confere.*

Teria sido melhor ficar em casa.

Então ele começou a falar sobre o irmão mais velho. O irmão mais velho era um cético. Ele estava de tal modo consumido pela amargura que não conseguia celebrar o milagre que Deus estava fazendo bem diante dele. E Deus, em sua misericórdia, mostrou-me como meu coração havia se desviado. Eu me tornei um crítico, um queixoso, um cético. Quando isso aconteceu? O convidado continuava a falar, "Entre, saia da varanda!" Eu pensei, *OK, vou sair da varanda e entrar. Sinto muito!* Eu estava chorando, lá em cima, no auditório. Naquela manhã, Deus expôs a semente do ceticismo que tinha se enraizado em minha vida.

Essa mudança do irmão mais novo para o mais velho ocorre em nossa vida o tempo todo. Encontramos a fé, alguém nos torna discípulos, é paciente conosco, cuida de nós e nos mostra o caminho

160

CETICISMO & OTIMISMO

para Jesus. Então, depois de algum tempo, olhamos para cima e descobrimos que nos tornamos o irmão mais velho, completamente impacientes com crentes imaturos ao nosso redor, só imaginando quando eles terão uma compreensão dos fatos como nós.

A Virtude do Otimismo

É simplificar demais a questão pensar no otimismo como apenas ter pensamentos alegres ou tentar dar um toque positivo em tudo o que ocorre. É muito mais que isso. O otimismo é definido como, "esperança e confiança no futuro.[1] Explicado dessa forma, compreendemos que o otimismo é uma crença básica e fundamental do Cristianismo. Ter esperança, acreditar no melhor para o futuro e ter confiança no que Deus faz deveria ser uma consequência de nossa fé em Jesus. Quando você é otimista em meio a obstáculos, pode parecer tolo. O mundo pode ser tentado a pensar que você é ingênuo ou até ignorante. Mas os cristãos o verão como fiel.

Em resumo, como cristãos, lemos o último capítulo do livro e sabemos como a história termina. Sabemos que Deus age em todas as coisas para o bem (Romanos 8:29). Sabemos que ele vence no final. Então, por que não vivemos como se isso fosse verdade? Como ficamos tão céticos ao longo do caminho a ponto de perder de vista uma das realidades básicas do Evangelho?

O apóstolo Paulo é o exemplo bíblico para continuar otimista em meio a circunstâncias difíceis. A vida cristã de Paulo foi marcada pela perseguição e pelo sofrimento. A todos os lugares aonde ia, era observado de perto por autoridades do governo porque sua mensagem sobre Jesus era encarada como uma ameaça ao seu poder. Por fim, Paulo se viu preso por disseminar o Evangelho — duas vezes.

Enquanto na prisão, Paulo escreveu uma carta à igreja de Filipos — uma igreja que ele ajudou a começar e pela qual

POR QUE FAÇO O QUE NÃO QUERO FAZER?

tinha muito afeto. Àquela altura, era provável que ele ficasse acorrentado a um guarda romano, 24 horas por dia. Pegue uma caneta e sublinhe todas as declarações otimistas que encontrar nesta passagem:

> *Quero que saibam, irmãos, que aquilo que me aconteceu tem antes servido para o progresso do Evangelho. Como resultado, tornou-se evidente a toda a guarda do palácio e a todos os demais que estou na prisão por causa de Cristo. E a maioria dos irmãos, motivados no Senhor pela minha prisão, estão anunciando a palavra com maior determinação e destemor (Filipenses 1:12–14).*

Paulo viu sua situação — aprisionado, acorrentado, preso a um guarda — e disse, "Tudo bem, pois isso cumpre minha meta final. A missão de minha vida é espalhar o Evangelho. Mesmo estando aqui, na prisão, posso fazer isso, então estou satisfeito, porque o que mais quero neste mundo está acontecendo". Reflita sobre isso por um minuto. Uma coisa é dizer isso nos subúrbios, mas outra totalmente diferente é dizê-lo na prisão. A carta de Paulo está tomada por uma hipótese realmente irrefutável: "Se estão falando sobre mim, estão falando sobre Jesus."

A vida de Paulo estava de tal modo entrelaçada com Jesus Cristo que falar dele era falar sobre Jesus. Agora, pense na *sua* vida. Se alguém fala sobre você, está falando de Cristo? Paulo diz aqui: "Ei, se eles falarem sobre mim, isso significa que falarão sobre meu Salvador, e acho isso bom. Isso faz tudo valer a pena."

Então algo aconteceu. Ele disse, com todas as palavras, "A igreja está se fortalecendo em meio a essa adversidade" (1:12–18). Por quê? O líder mais influente da igreja inicial estava na prisão. Como isso poderia ser bom?

O medo é um poderoso motivador. Se você tem medo de fazer algo, pode ficar paralisado. Mas Paulo estava tentando dizer aos filipenses para não se deterem diante de ameaças de aprisionamento. Eles tinham medo, por que lhes tinham dito:

CETICISMO & OTIMISMO

"Se espalharem o Evangelho, nós os jogaremos na prisão." Paulo se mostrou como um exemplo de que, mesmo na prisão, Deus ainda pode usar alguém para compartilhar o Evangelho.

Otimismo na Liderança

A parte de que mais gosto no meu trabalho não é pregar (o que eu adoro), escrever livros ou participar de reuniões. Minha parte preferida no trabalho é liderar e promover o desenvolvimento de nosso pessoal. Talvez nem todos sejam o chefe, mas acredito que todos são líderes — olhe para trás e, se alguém o está seguindo, o que eu falei está certo. Antes, eu mencionei Ken, o supervisor de meus dias corporativos. Deixe-me contar sobre outra supervisora que tive na mesma empresa. Vamos chamá-la de Kelly.

Trabalhei para Kelly por 18 meses e não tenho certeza de que ela tenha tido um dia ruim. Ela era a versão feminina de Chris Traeger (para todos os fãs de *Parks & Rec***), e exalava alegria. Kelly sempre estava tranquila. Ela parecia nunca perder o humor quando algo saía errado. Mesmo quando tinha que dar más notícias, ela o fazia de um jeito que todos acreditavam quando dizia que tudo ficaria bem. E deixe-me dizer uma coisa, *todos* queriam estar na equipe de Kelly.

Alguns anos atrás, a *Harvard Business Review* publicou um artigo chamado *Primal Leadership: The Hidden Driver of Great Performance* [*Liderança Primordial: O Condutor Oculto do Ótimo Desempenho*, em tradução livre], sobre um estudo que, por dois anos, pesquisou a importância da atitude e da liderança. Eis aqui a conclusão:

*** Personagem da série *Parks & Recreation*, da NBC. [N. da T.]

> *O humor e o comportamento do líder motivam o humor e o comportamento dos demais... O líder deve garantir que não só ele se mostre sempre otimista, autêntico, dinâmico, mas também que, por meio de suas ações, seus seguidores também se sintam e ajam dessa maneira... A liderança emocional é a faísca que estimula o desempenho da empresa, criando uma fogueira de sucesso ou um cenário de cinzas. O humor é importante, de verdade.[2]*

O seu humor, sua atitude e as lentes pelas quais você vê o mundo exercem um efeito extraordinário nas pessoas à sua volta — especialmente se você é um líder. Isso ocorre no local de trabalho, no pequeno grupo de sua igreja ou em casa com sua família. Se você lidera de uma posição de ceticismo, a disposição de ânimo será baixa. Se você lidera de uma posição de otimismo (como Paulo), verá como isso pode ser contagioso e começará a ver uma mudança em seus seguidores.

Como isso ocorre na prática? Pense em um dia normal. Se for parecido com o meu, você saltará de um lugar a outro e de uma coisa à outra, interagindo com pessoas diferentes durante o dia. Cada uma de minhas interações tem consequências, seja ao redor do bebedouro ou com pessoas na mesa ao lado na cafeteria. Posso estar perdido em pensamentos, concentrado no telefone ou deixar as preocupações daquele dia em especial impactarem a forma como me relaciono com o mundo ao meu redor — *ou* posso ver cada interação como uma oportunidade de mostrar o Evangelho a uma pessoa perdida que precisa ouvi-lo ou lembrar a um colega crente da bondade dessa mensagem. Essa é uma mudança de perspectiva que todos devemos fazer.

Mas este é só o dia de trabalho. Meu trajeto leva quatro minutos. Quando chego em casa, tive um longo dia. Geralmente saio direto da caminhonete para a mesa do jantar e estou exausto. Tudo o que quero é um pouco de tempo para mim mesmo. Sabe como me sinto? Eu me sinto no direito de desligar, mas minha família está falando disso e daquilo. "Você não vai acreditar que tal pessoa..." "Pai, tirei essa nota no teste." "Ah, é mesmo? Que

CETICISMO & OTIMISMO

bom! OK." Se eu não estiver presente nesse momento, o humor de todos será afetado.

Talvez você já tenha visto este cartaz: "Se a mamãe não está feliz, ninguém está feliz." Pense em como você lidera em sua casa. Você se lembra de quando seus pais discutiam? Talvez você estivesse sentado à mesa da cozinha enquanto seus pais brigavam do lado de fora. Você ficava imaginando se tudo daria certo. Lágrimas corriam por seu rosto. Você não sabia como aquilo iria terminar. Você lembra dos momentos de tensão, da angústia e da ansiedade que eles criavam.

Nossas atitudes como líderes, principalmente em nosso lar, são muito mais importantes do que muitos de nós imaginamos.

Otimismo & Oportunidades

Assim que compreendemos a importância de enxergar a vida pelas lentes do otimismo por causa do Evangelho, começamos a ver todas as oportunidades diante de nós. Paulo não era só otimista, também era mestre em aproveitar as oportunidades. Eis o que ele diz em Filipenses 1:15—18:

> *É verdade que alguns pregam a Cristo por inveja e rivalidade, mas outros o fazem de boa vontade. Estes o fazem por amor, sabendo que aqui me encontro para a defesa do Evangelho. Aqueles pregam a Cristo por ambição egoísta, sem sinceridade, pensando que me podem causar sofrimento enquanto estou preso. Mas, o que importa? O importante é que, de qualquer forma, seja por motivos falsos ou verdadeiros, Cristo está sendo pregado, e por isso me alegro. De fato, continuarei a alegrar-me.*

Paulo viu dois tipos de pessoas (mas não as dividiu entre gateiros e cachorreiros). Um tipo pregava o Evangelho por bons motivos; o outro pregava o Evangelho por motivos ruins.

POR QUE FAÇO O QUE NÃO QUERO FAZER?

Como alguém prega o Evangelho por ambição egoísta? O que isso significa? Algumas pessoas leem essa passagem e pensam, "Ah, ele está falando do Evangelho da prosperidade". Embora isso possa ser verdade, não acho que seja o ponto aqui. Paulo estava falando sobre pessoas que pregavam por desejo de se fazer conhecidas ou apenas para criar mais tumulto, com o qual Paulo teria que lidar. E mesmo que eles tenham dificultado mais a vida de Paulo, ele encontrou um ponto positivo na situação: o evangelho estava sendo pregado.

Em sua carta aos colossenses, Paulo escreveu, "Sejam sábios no procedimento para com os de fora; aproveitem ao máximo todas as oportunidades" (4:5). Ele entendeu a importância de ser estratégico com cada oportunidade de compartilhar o Evangelho com os outros.

Paulo entendeu que seu colega de apartamento não é só alguém com quem dividir o aluguel, ele é uma oportunidade. Seu colega, que está longe de Jesus, não é só alguém para tornar seu horário de trabalho mais suportável; ele é uma oportunidade. Seus filhos não estão ali só para dar continuidade ao seu nome e garantir que você seja cuidado quando estiver velho; eles são uma oportunidade. E quando digo "oportunidade", não estou falando de uma interação pessoal ou um meio para atingir um fim. Estou dizendo que elas são pessoas, com almas eternas, a quem você pode dar as Boas Novas sobre como viver para sempre. Todo mundo é uma oportunidade.

Pense como deve ter sido frustrante ir contra o apóstolo Paulo! Deve ter sido totalmente exasperador. Pense em algumas de suas interações.

Eles: "Ei, vamos jogá-lo na prisão."
Paulo: "Ei, cara, os guardas da prisão também precisam de Jesus. Converterei toda a prisão."

Eles: "Vamos espancá-lo."
Paulo: "Eu me alegro nos sofrimentos de Jesus, na comunhão com ele."

Eles: "Apedrejem-no até a morte! Arraste-o para fora da cidade."
Paulo: "Ha-ha! Vocês não me mataram. Eu voltarei para *esta* cidade."

Eles: "OK. Nós o acorrentaremos. Acorrente-o a um guarda da prisão."
Paulo: "Legal, cara. Eu escreverei a Bíblia."

Eles: "Tudo bem. Prendam suas mãos."
Paulo: "Eu ditarei a Timóteo."

Eles: "Matem-no!"
Paulo: "Morrer é uma vitória."

Eles: "Deixem-no viver!"
Paulo: "Viver é Cristo."

Eles: "Aaagh! O que fazemos com esse cara?"

Paulo entendeu que é isso que o Evangelho faz. Ele toma qualquer força que age contra ele e a vira a seu favor. É como um fogo que, quando seus combatentes acham que vai se apagar, revela que eles estão jogando querosene nele — e o Evangelho é fortalecido nesses momentos.

Não Posso Ficar Triste?

Agora mesmo você pode estar sendo tomado por uma série de emoções. "Não posso ficar triste?" Essa é uma pergunta legítima. E, sim, você pode ficar triste. O objetivo deste capítulo não é tentar convencê-lo a nunca mais ficar triste. Você se lembra do versículo mais curto da Bíblia? Lázaro acaba de morrer e ele diz apenas, "Jesus chorou" (João 11:35). Aquele que estava prestes a levantar Lázaro dos mortos usou um momento para sofrer com aqueles que sofriam, porque Ele viu pecado e morte no mundo que nunca deveriam ter acontecido. Não foi seu primeiro desejo.

POR QUE FAÇO O QUE NÃO QUERO FAZER?

Você pode ficar triste. Apenas não continue assim, porque sabe o que o espera. Você sabe como isso vai acabar. Você sabe para onde isso o leva. O otimismo motivado pelo Evangelho inspira os outros a partilhá-lo sem medo. Você é um bom líder porque eles sentem a alegria e a esperança em você. Quando você se vê diante de um desafio, enfrenta-o com um sorriso. Você compartilha o Evangelho, lidera a partir dele e mostra aos outros que tudo sempre vai dar certo. Mesmo que alguém reaja mal, eles veem que você está bem. A vida continuará. Você passou para o final da Bíblia e sabe como a história termina.

TRÊS PERGUNTAS PARA FAZER A SI MESMO

1. Como você luta com o ceticismo em sua vida?
2. Você é o tipo de pessoa que vê o copo meio cheio ou meio vazio? Como isso se manifesta na sua satisfação diária?
3. Que passo você pode dar hoje para crescer em otimismo?

. CONCLUSÃO .

Depois de idas e vindas inutilmente perguntando *Por que faço o que não quero fazer?*, em Romanos 7, Paulo oferece uma esperança incrível no início do capítulo 8: "Portanto, agora já não há condenação para os que estão em Cristo Jesus", "Não há condenação" significa não haver julgamento. Escapamos das consequências de nosso pecado na eternidade. Essa é uma ótima notícia! Como conseguir isso? Arrependendo-nos de nossos vícios e nos voltando para Jesus.

Todos os meus filhos jogaram basquete durante o ensino fundamental. Como pai, assistir a qualquer esporte quando seus filhos estão com essa idade pode ser algo inusitado, mas, por algum motivo, no basquete a sensação é ainda mais intensa. Parte disso é porque no intervalo há troca de lado e cada time precisa começar a jogar a bola na cesta oposta.

Lembro-me de assistir a um dos jogos de Presley quando ela estava na quinta série. Depois do intervalo, uma das garotas recuperou a bola, mas começou a driblar para o outro lado, para a cesta do oponente. Todos que assistiam gritavam, "Ei, você está indo para o lado errado". Pais. Colegas de time. O treinador. "Você está indo para o lado errado! Volte! É *daquele* lado. Vá para *aquele* lado!" Ela estava quase no meio da quadra e finalmente ouviu e entendeu. Enquanto batia a bola, ela se virou e, na mesma velocidade, tenacidade e vigor, começou a se dirigir à cesta correta.

Essa é a melhor imagem de arrependimento que posso lhe oferecer. Arrepender-se significa virar quando percebe que está correndo para o lado errado. Quando você se dá conta de que está vivendo com uma atitude do tipo, "Ah, este é o mundo que temos. Preciso juntar dinheiro. Eu mereço essas coisas. Preciso me tornar conhecido. Preciso me concentrar em minha imagem e no que os outros pensam a meu respeito. É para isso que eu vivo".

Se você segue Jesus, o Espírito Santo diz: "Você está indo para o lado errado! Você está indo para o lado errado! Essas metas estão erradas!" E você pode responder "Ah, você tem razão! Irei para *aquele* lado", e com a mesma velocidade, tenacidade e vigor, pode começar a se movimentar na direção de Jesus o mais depressa que puder.

O objetivo deste livro não é fazer com que você sinta vergonha ou culpa, mas lhe mostrar as áreas de sua vida em que talvez seja preciso se arrepender e voltar às metas que Jesus definiu para nós. Se você está lendo isto e continua deliberadamente a voltar ao pecado repetidas vezes e não está fazendo tudo o que pode para tirar o pecado de sua vida, precisa se preocupar. Você precisa se perguntar: "Eu realmente conheço este Cristo?"

Alguém que tem um relacionamento com Jesus Cristo também tem uma vida marcada pelo arrependimento. Ele mostra a disposição de mudar e não se acomodar aos pecados contra os quais luta, mas secretamente aprecia. Se, como o cão que volta a comer a comida que vomitou (Provérbios 26:11), você continua nesse pecado, acolhe esse pecado, aconchega-se a ele, dizendo: "Isso é parte de quem eu sou. É o que me marca", eu lhe digo que você precisa se preocupar. O arrependimento é se afastar disso e encontrar maior satisfação em Jesus do que nas coisas deste mundo.

Se você nunca confiou em Cristo para receber o perdão por seus pecados (exatamente os pecados que discutimos neste li-

CONCLUSÃO

vro), não consigo pensar em um momento melhor para fazê-lo do que agora. Romanos 10:9 simplifica tudo para nós: "Se você confessar com a sua boca que Jesus é Senhor e crer em seu coração que Deus o ressuscitou dentre os mortos, será salvo." Se nunca fez isso antes, arrependa-se e volte-se para Jesus.

Marcado pela Virtude

Contudo, se você tem um relacionamento com Jesus, deve haver sinais que o comprovam. A sua vida deve produzir retidão. O que quero dizer com retidão? As virtudes, os valores e a moralidade que demonstram seu arrependimento *por causa* do que você faz e como vive. Você leva uma vida marcada pelas virtudes que discutimos.

Alguns anos atrás, minha família e eu estávamos a caminho de uma festa de Natal e paramos em uma churrascaria local para apanhar uma encomenda que levaríamos, pois é assim que os Pokludas fazem. Ligamos com antecedência, mas nosso pedido não estava pronto quando chegamos, então comecei a bater um papo com o rapaz atrás do balcão.

Em certo momento, ele disse que era abençoado. Percebi por seu sotaque que ele não era de Dallas, então perguntei: "Ei, de onde você é?" Ele respondeu: "Eu sou do Irã." Repliquei: "Puxa, cara. Você disse que é abençoado. Você segue alguma religião?" (Observação: essa é uma pergunta que faço a todos com quem quero compartilhar o Evangelho.)

Ele respondeu: "Sim, sou muçulmano." "Ah, há uma mesquita que você frequenta na cidade?" Então ele disse algo muito interessante. Essas são palavras dele, não minhas: "Não, não confio naquelas pessoas."

Bem, eu fiquei confuso.

"Como? Isso é interessante. Por que não? Em quem você confia?"

"Eu confio nos cristãos. Adoro os cristãos."

Ele disse essas mesmas palavras para mim — sem exagero. Note que ele não tinha a mínima ideia de que eu era pastor. Eu disse, "Você confia nos cristãos? Por que confia neles?" "Porque eu cheguei aqui com US$4 no meu bolso. As pessoas que vêm aqui, meus clientes... a maioria são cristãs. Eles são muito gentis comigo. Vejo a bondade que os marca."

Então ele foi adiante! Ele disse: "Sabe de uma coisa? Conheço pessoas que se converteram ao cristianismo e se tornaram pessoas maravilhosas. Elas eram terríveis, e então vieram para esse cristianismo e agora são pessoas maravilhosas." Os cristãos na vida desse rapaz viveram a sua fé até o ponto em que ficou evidente que sua vida era marcada por Jesus. Seu arrependimento e retidão estavam à mostra nas interações mais simples.

Usando a Sua História

Pense na vida de Paulo. Ele perseguia cristãos. Ele ficava indiferente enquanto pessoas inocentes eram mortas. Ele matou pessoas inocentes. Certo dia, Paulo estava andando pela rua, cuidando da própria vida, quando Jesus apareceu diante dele e mudou sua vida drasticamente. Depois disso, ele se tornou um grande missionário e criador de igrejas no Novo Testamento. Ele foi aprisionado, perseguido e, por fim, morto devido a sua crença. Por que ele não recuou? Ele sabia exatamente o que havia visto e vivenciado. Ele tinha que contar a todos.

Em todo o livro de Atos, vemos Paulo contando repetidas vezes sua história a quem quisesse ouvir. Mesmo na prisão, ele deu outra mensagem apontando para Cristo. Ele entendeu o poder de sua própria história de arrependimento. Sempre que tinha um público cativo, ele compartilhava o Evangelho com as pessoas. O Espírito Santo preservou essa repetição para nos mostrar algo.

CONCLUSÃO

Paulo contou sua história e se referiu a Jesus inúmeras vezes, e nós deveríamos fazer o mesmo. Se você é cristão, recebeu a chave que abriu a sua jaula de pecados e, ao ser liberto, pode sair e contar aos outros sobre a chave que pode abrir as jaulas que os prendem ao pecado. É isso que fazemos! Recebemos a tarefa de ajudar o resto do mundo a se reconciliar com Deus. Isso significa que somos os contadores (e repetidores) da história de Jesus.

Qualquer que seja a sua história, você precisa usá-la. As coisas boas e as ruins, os altos e baixos, os vícios e as virtudes — tudo o que Deus o fez passar deve ser mostrado para levar os outros até Ele.

Lembro-me de estar na sala de descanso com alguns colegas de trabalho certa noite e conversar com uma amiga que caminhava com Jesus fielmente até onde conseguia se lembrar. Ela cresceu em um lar cristão e nunca se afastou um dia sequer. Bom, não estou dizendo que ela nunca tenha se afastado por alguns momentos, mas nunca por um dia inteiro. Essa mulher não conhecia outra vida senão o trajeto fiel ao lado de Jesus. Ela tinha um testemunho surpreendente. Eu ouvi vários testemunhos, e a história dela era rara e maravilhosa.

Se você chegou até aqui, sabe que *não* é o meu testemunho (infelizmente). Eu estava animado naquela noite, então disse: "Convença-me de que a sua vida foi melhor do que a minha. Eu me diverti. Eu fiz sexo, experimentei drogas e aproveitei tudo o que o mundo tem a oferecer. E agora você trabalha para alguém que trabalha para mim. Além disso, ambos merecemos o céu. Convença-me de que a sua vida é melhor do que a minha."

Ela não hesitou um segundo. Ela começou a disparar as razões, mas duas coisas que disse se destacaram. Ela disse, "Eu me diverti muito mais e tenho menos cicatrizes". *Aaai!* A favor dela, digo que ela não mediu suas palavras. Ela acreditava em tudo que disse. E sabe de uma coisa? Eu também.

Qualquer que seja a sua história, Deus quer que a use para aumentar a família Dele.

Por que Deus usaria qualquer um de nós? Porque as pessoas muitas vezes confiam primeiro em um cristão do que em Cristo (como o amigo que fiz no balcão da churrascaria). Raramente as pessoas acordam confiando em Cristo. Com frequência, alguém surge em sua vida e demonstra retidão, arrependimento e bondade e lhes conta sobre a ressurreição de Jesus e como esse acontecimento há dois mil anos mudou sua vida. Primeiro eles confiam nessa pessoa e então confiam no Deus dela. Essa é a sua estratégia. É por isso que Ele o deixou aqui após confiar em Cristo e não apenas o puxou para o céu no momento em que afirmou sua fé em Jesus. Nós somos *mensageiros* porque recebemos a mensagem.

Se você acreditou na mensagem, então se tornará um mensageiro. Eu rezo para que tenha sucesso.

. AGRADECIMENTOS .

Minha mulher, Monica, trabalha incansavelmente em casa, leva as crianças para a escola e para os treinos. Ela acordou cedo e dormiu tarde para que o conteúdo deste livro pudesse ser escrito, pregado e vivido. Ela é a verdadeira heroína de nossa família. Se você tivesse que seguir apenas um de nós, é a ela que deveria escolher. Ela segue Jesus, ora muito e estuda a Palavra todos os dias. O fruto do Espírito derramou-se de sua vida mais do que qualquer pessoa que conheci. Essa declaração é profundamente verdadeira. Tenho receio de que você pense que são elogios vazios. Não são.

O nome de Jon Green não está com o destaque merecido na frente deste livro. Ele continuou a fazê-lo avançar e escreveu incansavelmente, cedo e tarde, depois que as crianças dormiam. Ele ouviu mensagens e ajudou-me a captar histórias que contei ao longo de minha jornada. Permitiu que eu recuasse e buscasse a excelência. Ouviu, deu ideias, e foi meu parceiro o tempo todo enquanto tornava a jornada divertida. Sua memória é um presente absoluto do Senhor. Jon, vamos repetir esse feito!

Dediquei este livro aos meus pais. Sei que não é divertido para os pais ouvir quando contamos tudo. Vocês foram pais maravilhosos, os melhores! Eu me sinto como se tivesse crescido em *Os Pio-*

neiros. Tomávamos café juntos, ao redor da mesa, todas as manhãs. Fazíamos as refeições em casa, juntos — uma arte perdida. Meu pai me passou uma ética profissional e uma base moral sólidas. Minha mãe me ensinou como é seguir Jesus. Fui um rebelde pródigo que entregou sua vida a Jesus mais tarde, mas eles me mostraram o caminho no início de minha vida e, por isso, sou agradecido.

Presley, Finley e Weston têm que ser os "filhos do pastor". Eles estão crescendo no mundo do ministério, no qual não se tem nenhuma privacidade. Que Deus os proteja de ter que jogar o jogo do cristianismo. Que suas jornadas com Jesus sejam autênticas e que a fé de vocês seja real. Eu rezo para que eles encontrem amigos com os quais busquem Jesus neste mundo, onde é comum fazer o que se quer na carne. Sou grato pelos sacrifícios que fizeram para ajudar Monica e eu a tornar Jesus importante.

Carolyn e Jabo Rubin ajudaram a formar a mulher acima que foi meu maior presente depois de Jesus. Eles ajudam com as crianças quando viajamos pelo mundo para pregar, ensinar e escrever. Eles proporcionaram um segundo lar para mim no início de minha jornada e têm sido os melhores sogros que alguém poderia querer.

Eu aprendi muito do que está neste livro com Todd Wagner. Ele me conduziu ao relacionamento com Jesus e foi um exemplo de liderança durante meu tempo passado em Watermark. Serei eternamente grato pela sabedoria que ele compartilhou e principalmente pela verdade do Evangelho que era transmitida em cada sermão que pregava. Ele e Alex são pais incríveis, e Monica e eu somos abençoados por aprender com eles.

Jennie e Zac Allen têm sido ótimos amigos e estimuladores. Jennie é a irmã mais velha que eu não mereço. Ela foi uma inspiração em grande parte de meu ministério, e Zac sempre aparece na hora certa para me dizer a verdade quando preciso ouvi-la. Antes mesmo de eu escrever um livro, eles estavam lá, encorajando-me a fazê-lo. Todos precisamos de amigos como eles para nos incentivar a ser mais o que Deus deseja que sejamos.

AGRADECIMENTOS

Meu agente, Don Gates, é o protetor deste trabalho. Ele me manteve no rumo e avançando. Foi ótimo trabalhar com a equipe da Baker Books, e eles tornaram esta obra possível. Sou grato ao Dr. Michael Capman e ao Dr. Grant Beckham, que estiveram presentes para me ajudar a continuar saudável e pensar com clareza. Quando as cadeiras caíram, eles me ajudavam a colocar as certas no lugar.

Os membros da Harris Creek ofereceram todo o apoio ao pastor que escreve e profere palestras em outros lugares. Sou grato pela graça que me mostram e por permitir que eu prepare outros comunicadores. A equipe da Harris Creek também tem oferecido seu apoio nos últimos quatro anos. Eu trabalho com alguns dos melhores ministros do Evangelho do planeta, e sou agradecido pelo modo como eles servem à igreja de Jesus.

. NOTAS .

Introdução

PETERSON, Eugene. *Uma Longa Obediência na Mesma Direção*. Downers Grove, IL: InterVarsity, 2019.

Parte 1 As Batalhas Antigas

LITTLE, Becky. How the seven deadly sins began as 'Eight Evil Thoughts. **History**, 25 mar. 2021. Disponível em: https://www. history.com/news/seven-deadly-sins-origins.

Capítulo 1 Orgulho & Humildade

LEWIS, C. S. *Cristianismo Puro e Simples*, 122. ed. Nova York: HarperCollins, 2001. Copyright © 1942, 1943, 1944, 1952 por CS Lewis Pte Ltd. Usado com permissão.

Capítulo 3 Ganância & Generosidade

Floyd mayweather drops $1 million on cars for his inner circle, rolls-royce for himself. **TMZ Sports**, 6 jun. 2021. Disponível em: https://www.tmz.com/2021/06/06/floyd-mayweather-drops- -1-million-on-cars-for-his-inner-circle/.

WHITE, Alexandria. 73% of americans rank their finances as the No. 1 stress in life. 20 jul. 2021. Disponível em: https://www. cnbc.com/select/73-percent-of -ameri cans-rank-finances-as-the- -number-one-stress-in-life.

BALEVIC, K; FRIAS, L; GETAHUN, H; HAROUN, A; SNOD-GRASS, E. The first thing 14 lottery winners have bought after finding out they were rich. **Business Insider**, 29 jan. 2020. Disponível em: https://www.businessinsider.com/how-lottery-winner-s-spend-winnings-2016.

Capítulo 4 Apatia & Diligência

EARLS, Aaron. Apathy in churches looms large for pastors. **Life way Research**, 10 mai. 2022. Disponível em: https://research.lifeway.com/2022/05/10/apathy-in-churches-looms-large-for-pastors/.

CARSON, D. A. *For the love of God:* a daily companion for discovering the riches of God's word, v. 2. Wheaton: Crossway, 1999.

Capítulo 5 Luxúria & Autocontrole

LUST. *In: Merriam-Webster Dictionary.* Disponível em: https://www.merriam-webster.com/dictionary/lust. Acesso em: 21 jun. 2022.

EMERSON, R. W. Spiritual laws. *In:* Essays: First Series. Emerson Central. Disponível em: https://emersoncentral.com/texts/essays-first-series/spiritual-laws/. Acesso em: 21 jun. 2022.

Fast facts about pornography. **Fight the New Drug**. Disponível em: https://fightthenewdrug.org/fast-facts/. Acesso em: 21 jul. 2022.

Sex and glue. **XXX Church**, 30 nov. 2014. Disponível em: https://xxxchurch.com/men/sex-glue.html.

Capítulo 8 Trabalho & Descanso

CROUCH, Andy. Also, if I've ever said no to you. 30 jun. 2021. Twitter: @ahc. Disponível em: https://twitter.com/ahc/status/1410272197084598273.

GILCHRIST, J.L. *Cyclopedia of Religious Anecdotes.* Nova York: Fleming H. Revell, 1923.

Capítulo 10 Ceticismo & Otimismo

OPTIMIST. *In:* Lexico. Disponível em: https://www.lexico.com/definition/optimist. Acesso em: 21 jun. 2022.

BOYATZIS, R.E.; GOLEMAN, D.; McKEE, A. Primal leadership: the hidden driver of great performance. **Harvard Business Review**. dez. 2001. Disponível em: https://hbr.org/2001/12/primal-leadership-the-hidden-driver-of-great-performance.

. SOBRE OS AUTORES.

Jonathan "JP" Pokluda é o pastor líder de uma igreja em Waco, Texas, chamada Harris Creek. Por mais de uma década, ele vem liderando a maior reunião de solteiros dos Estados Unidos, The Porch. Ele testemunhou milhares de relacionamentos se formarem e florescerem enquanto outros terminavam. O livro mais recente de JP, *Outdated* [sem publicação no Brasil], foi escrito após anos de observação na mudança no cenário dos namoros. Ele só entendeu a graça do Evangelho aos vinte e poucos anos, depois de se envolver com diferentes denominações de igrejas durante a vida. Isso despertou o desejo de inspirar jovens adultos a radicalmente seguir Jesus Cristo e estimulá-los a mudar o mundo. Seu best-seller *Welcome to Adulting* [sem publicação no Brasil] oferece aos millennials um roteiro para navegar na fé, encontrar um cônjuge, administrar as finanças e preparar-se para o futuro. A parceira de JP no ministério é Monica, sua mulher há 16 anos. Juntos, eles passam seus conhecimentos aos filhos Presley, Finley e Weston.

Jon Green faz parte da equipe da Harris Creek desde 2013. Ele é formado pela Baylor University e é o diretor de publicação da BibleReadingPlan.org, um estudo bíblico e devocional diário. Jon e a mulher, Amanda, moram em Waco, Texas, e têm três filhos pequenos: Micah, Elsie e Bennett.

. ÍNDICE .

Símbolos

1Coríntios 6:12 149

1Coríntios 6:18 85

1Coríntios 8 149

1João 1:7–9 105

1Pedro 1:13 149

1Pedro 1:13; 4:7; 5:8 147

1Pedro 1:15 XIII

1Pedro 5:5 10

1Samuel 13 97

1 Samuel 13:7 98

1Samuel 15:24 98

1Tessalonicenses 4:3—8 85

1Timóteo 6:1 44

2Coríntios 5:18—21 27

2Coríntios 5:19 77

2Coríntios 10:5 74

A

a.C 23

Adultério 84

adversidade 162

agressão 25

alcoolismo 147

Alegria 133

alma 106

Altar 29

altruísmo 80

amor ao dinheiro 44

Ananias 101

apatia 57

Armadilhas Modernas 90

arrependimento 170

autenticidade 99

autoajuda XIII

autocontrole 84

autodiagnóstico 11

autossuficientes 139

B

Barnabé 99

batalha 137

Bíblia 66

C

canais 53

casamento 76

ceticismo 158

chamado 19

Colossenses 3:2 149

complacência 64

compromisso diário XVI

conflito 28

contentamento 51

cristianismo cultural 95

cristianismo elementar 114

Cristianismo Puro e Simples 9

cruz 19

D

dependência 78

depressão 79

desejos sexuais 84

desvios sexuais 84

dieta espiritual 64

Dificuldades 68

Diligência 67

    crescer em diligência 69

dinheiro 53

direito 110

disciplina 52

    cultivar a disciplina 52

disciplinas espirituais 139

discípulos 129

disfunção sexual 79

distração 131

doença 47

doença mental 47

E

Eclesiastes 45

Eclesiastes 5:10—17 45

Eclesiastes 5:18—20 50

ecstasy 146

Efésios 2:10 151

Efésios 5:11–1 103

Efésios 5:16 151

Efésios 5:18 145, 149

egoísmo 80

Ego Transformado 16

embaixadores de Cristo 27

embriaguez 149

eneagrama 158

entorpecimento mental 79

esgotamento 137

Espírito Santo XVII

Eugene Peterson XVI

Evangelho 106

Exemplo de Jesus 18

exercício constante 66

experiências religiosas XVI

Ezequiel 28:12-19 9

F

fé 65

    desconstruindo sua fé 68

filho pródigo 160

Filipenses 1:12—14 162

ÍNDICE

Filipenses 1:15—18 165

Filipenses 2:3 115

Filipenses 2:8 19

Filipenses 3 80

Foco 130

G

Gálatas 1:10 98

ganância 43

generosidade 44

Gênesis 2 96

Gênesis 2:25 96

Gênesis 3 9

Gênesis 32 8

geração Z 76

gestão de percepção 98

gesto de desamor 76

gratidão 123

gula 3

H

Hebreus 5:12—14 62

Hebreus 12:2 18

hipócritas 102

homossexualidade 84

humildade 10, 16, 18

    crescer em humildade 21

I

imoralidade sexual 81

impulsos pecaminosos 80

impureza 85

inautenticidade 100

influenciados pelo trabalho 127

inimigos da cruz 80

intoxicação 153

inveja 3

ira 25

ISamuel 97

J

Jesus 19

    ser como Jesus 21

João 13:1-17 18

João Batista 21

jovem rico 88

Jugo de Satanás 140

justiça de Deus 27

K

keg stand 12

L

leap of faith 112

ler a Bíblia 65

Liderança 163

limite 135

Lucas 7:28 20

Lucas 10 129

Lucas 14 113

luxúria 72

luz 105

M

Marcos 10:17—27 89

Marcos 10:45 18

Maria 130

Marta 129

masturbação 73

Mateus 5:9 32

Mateus 5:22 27

Mateus 5:23-24 29

Mateus 5:27-30 83

Mateus 6 101

Mateus 6:12 29

Mateus 7:1-3 25

Mateus 11:28—30 140

Mateus 18:15-17 34

Mateus 20:16 120

mau hábito XIII

Messias 18

millennials 76

ministério 18

ministério vocacional 67

N

neuroplasticidade XVII

NextDoor 112

O

obras de justiça 101

Oferta 29

O Poder de uma Vida de Oração 121

orgasmo 78

orgias 84

orgulho 9, 80

otimismo 161

P

pagãos 85

Palavra de Deus 66

Paulo 162

Paz 133

pecados 29

luta contra o pecado 80

pedofilia 84

pensador crítico 156

pessimista 156

piedade 66

pornografia 73, 78

preliminares 77

Provérbios 3:34 10

Provérbios 16:18 10

Provérbios 31:4 149

R

raiva 23

problemas com a raiva 25

recipientes 53

reconciliados com Deus 27

reconstruir 68

Refúgio 139

Reino de Deus 89

Rei Saul 97

relacionamento 21

renovar XVII

ÍNDICE

retidão 171

riqueza financeira 50

Romanos 7:15–19 XV

Romanos 8:29 161

Romanos 12:2 XVII, 149, 153

Romanos 13 149

Romanos 14:13-23 148

Romanos 14:13–23 149

S

sacrifício 29

Safira 101

Salmo 62 137

Salmo 119:11 66

santidade 85

santificados 28, 84

    parecer santo 102

Satanás 91

Sepulcros Caiados 101

Sermão da Montanha 29

sex glue 78

sexo 75

    escolhas sexuais 77

sexo oral 76

sobriedade 148, 153

Sofrimentos 68

solução de conflito 34

T

Tito 2 85

trabalho 135

U

Última Ceia 18

V

verniz de autenticidade 95

vícios XVI

virtude XVI

virtude benigna 17

Este livro foi impresso nas oficinas gráficas da Editora Vozes Ltda.,
Rua Frei Luís, 100 – Petrópolis, RJ.